Basic knowledge of legislation

第４次改訂版

# 法制執務の基礎知識

法令理解、条例の制定・改正の
基礎能力の向上

大島稔彦 監修
Toshihiko Oshima

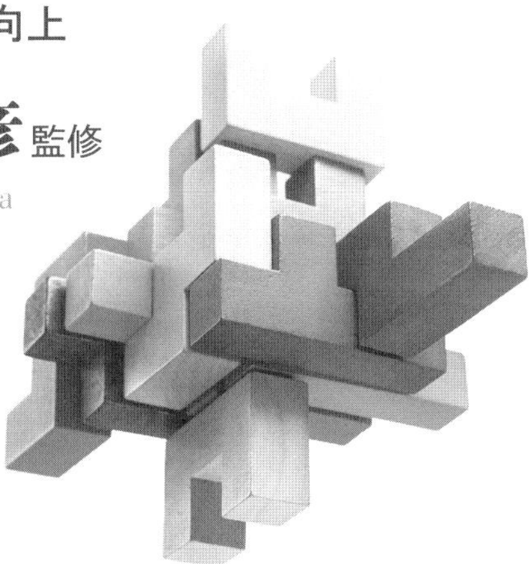

第一法規

# 第４次改訂版の辞

この本の上梓から早や18年になる。お陰様で読者の皆様からご好評をいただき、版を重ねて、この度、第４次改訂版をお届けするに至った。これも長い間多くの方からご利用をいただいてきたからこそ可能となったところであり、ここにあらためて心より感謝申し上げる。

この間、地方公共団体における立法・行政を中心とした自治は確実に進展し、住民の福祉の充実が一段と図られてきていることは、広く認められるところと思う。しかし、これにとどまらず、時代の変化とともに様々な課題が新たに生じ、また、住民からの要求も多様化してきており、自治体はこれらに適切に対応することも求められてきていると言えよう。それは、本書の関するところからすれば、自治体における政策形成、立法、法に基づく行政、行政救済といったあらゆる法分野において、さらなる自治体の能力を高めていくことが期待されているということだろう。しかし、そのためには、こういった分野の基礎的な知識と基本的な考え方を身につけることがまずは必要であり、それが近道であると言えよう。そのための一助となるよう、本書は、法制執務の基礎的な理論と知識、実務の基本的な考え方を提供することを目的として編んだものであり、現在においてもこの基本認識に変わりはない。

したがって、この改訂にあたっては、基本的な内容は維持しながらも、事例や実例を多く更新し、新しい動向も視野にいれて、現在に対応するように努めたところである。もちろん、法制執務における基本的な考え方を身につけることができるように、という本書の目的はそのまま維持しているところである。そのために本書が読者の皆さんのお役に立つことができれば幸甚である。

今回の改訂にあたっては、編集第二部の小川優子さんに大変お世話になった。ここに篤くお礼を申し上げる。

令和５年５月

大島　稔彦

# 監修の辞

この本は、法制執務の講義テキストとして、法制執務あるいは立法技術の基本的な考え方を、豊富な事例や実例を付しながら、分かりやすく解説する、という目的の下にまとめたものである。事例や実例を多く載せて実務に直ちに参考になるように配慮し、また、できる限りその説明を付することによって理解が容易になるように工夫したつもりである。

講義テキストとした所以は、多くの地方公共団体の職員の皆さんを対象とした法制執務に関する講義の経験を踏まえ、講義の際のテキストとして利用できるとともに、事後の復習やこれを応用した実務の参考にも供することができるようにしたい、という願いにある。もちろん、法制執務の基礎的かつ実践的な参考書としても利用できるように心がけたつもりである。

法制執務や立法技術、あるいは政策法務といっても同じであるが、これらは、煩瑣で小難しい特殊なものというイメージがあるかもしれない。しかし、その作業は、政策の立案から法令案の完成まで、さらには成立した法令を執行するまでをも含めて、法的な考え方や論理に基づくものであって、決して得体の知れない特殊な技術ではない。今、地方分権の時代において、地方公共団体への期待は増大し、その役割もまた拡大する一方であり、地方公共団体がこれに応じた機能を果たすためには、法制執務に関する知識や能力が必須のものであることはいうまでもない。こういった職務を担う地方公共団体の職員の方々にとって、この講義（本）が少しでもお役に立つことができるならば、幸いである。

この本がこのような形で上梓できることとなったについては、法制執務の講義の経験豊富な政策情報センター部長峯村欣弘氏のご尽力によるところが大きい。また、出版編集局の杵渕裕一氏にも大変お世話になった。ここに謝意を表する次第である。

令和５年５月

大島　稔彦

# この本のご利用について

1　この本の記述は、本文と＊を付した注記の部分とで構成している。

本文は、基本的な事項を簡潔に説明するものであって、基本的な理解を旨としている。

注記の部分は、二つに大別できる。一つは、事例・実例であり、必要と思われる例を整理して提示するものであって、その事項の具体的な理解に資することを旨としている。事例によっては、その事例を支えている考え方をも解説している場合があるので、参考にされたい。二つは、補足説明であり、本文の内容をさらに深めたり、関連事項に言及したりしている。

実際の講義では、時間の制約があるので、注記の部分まで触れることができない場合が多い。そのようなときは、注記の部分によって補足されたい。

2　全体の構成は、3部に分けてある。第1部が法令一般や立案一般についての説明であり、第2部が法令の一部改正、第3部が法令の表記や法令用語である。一応、この順序で進むことを前提としているが、実際にはどこから始めても結構である。

3　事例は、多くは国の法令、特に法律を中心に引用している。ただし、煩瑣になるので、出典法令名は原則として掲記していない。また、本文との関係で不要の部分は〔略〕あるいは「…」で略している。

事例中の「×」は、空白を意味する。ただし、見難くなるおそれがある部分は、単に空白としている場合もある。詳しくは「配字」の項を参照されたい。

# 第2部　法令の一部改正

# 第3部 法令用字及び法令用語

◉装幀——篠　隆二
◉本文レイアウト——株式会社ペネット

Basic knowledge of legislation

# 第1部
# 条例・規則の立案

# 第1章

# 条例・規則と法制執務

# I 地方公共団体の事務と法制執務

## ① 地方公共団体とその事務

### (1) 自治権と地方自治の本旨

地方公共団体は、その区域において、その住民によって自治を行うための団体である。その自治権は憲法で認められ、その組織及び運営に関する事項は、地方自治の本旨に基づいて、法律で定めるとされている（憲法92条）。地方自治の本旨については、住民自治と団体自治を意味するとするのが通説である。団体自治とは、地域の団体が、国とは別個・独立の団体として、自治権を持つことを意味し、住民自治とは、地域の政治・行政が、その住民の自主的な意思に基づいて、その責任で行われることを意味する。この両方が備わってはじめて、民主主義に基づく「地方自治」が成り立つ、と考えられている。

さらに、この自治権については、地方自治体は、国家が存在する以前に固有の権利として一定の自治権を持っている、とする固有権説と、自治権にしろ行政権にしろすべて国の統治権に根拠があり、この統治権から特別に認められたものを団体が行使することができる、とする伝来説とがある。現在では、地域の自治は歴史的に形成されてきた実質を伴った概念であるが、それを憲法上特別の原則として認めることによってその本質的な内容が保障される、そういうものとして自治が認められる、という制度的保障説が有力とされている。つまり、自治は憲法上保障されているが、それは国家と全く別個の存在として認められているものではない、ということができる。

したがって、国と地方公共団体との関係は、完全に相互に独立したものともいいがたいし、反対に、地方公共団体は国の下部機関であっていいわけでもない。国民の福祉の増進という共通の目的に向かってそれぞれ適切に機能・役割分担をし、相協力して事務の処理に当たる、協力・協調の関係にある、と考えることができる。

### (2) 地方公共団体の事務

組織・運営に関する事項を定める法律の基本的なものは、地方自治法であるが、同法は、地方公共団体を法人（いわゆる公法人）として、事務執行の主体とするとともに、住民に身近な行政はできる限り地方公共団体に委ねることを基本として（地方自治法１条の２第２項）、その行う事務を、「地域における事務」と「その他の事務で法律又はこれに基づく政令により処理することとされるもの」と定めている（同法２条）。また、別の観点から、この事務は、「自治事務」と「法定受託事務」とに分けられている。地域における事務にしても、自治事務にしても、明確にその範囲を限ることはできないが、観念的にはおよそ地域に関係する事務はすべて含まれる広い概念とされている。また、法律・政令により処理する事務や法定受託事務（限定されてはいるが）も、その範囲は広い。いずれにしても、地方公共団体の行うべき事務は、非常に広範多岐にわたるということができる。

## ② 事務の執行

### (1) 法治主義

地方公共団体は、このような事務を、その自治権に基づいて、あるいは国や他の公共団体から受託されて、自らの責任において執行することになるが、それはどのように行われるべきだろうか。

これは国の場合も同様であるが、民主主義体制の下における行政執行、広くいえば事務の執行は、「法治主義」の原則（あるいは法治国家の原則）に基づかなければならないとされている。つまり、権力分立の原則の下で、国民・住民から公正に選挙された代表者によって構成される議会が「法」を定め、その「法」に従って行政権を委ねられた機関が事務（行政）を執行する、その執行について議会に対して（したがって、国民・住民に対して）責任を負う、という原則である。このように行政がさまざまな面において広く法律（あるいは「法」）のコントロールの下に置かれるという原理は、一般的に、大陸法系においては「法律による行政」の原理と、英米法系においては「法の支配」の原理とされる。両者は、必ずしも一致するものではないが、正当かつ正統な「法」に基づいて行政が行われなければならない、とする基本的な考え方は同様である。

### ⑵　法律による行政の原理

日本は、大陸法系の制度によっているから、基本的には「法律による行政」の原理が妥当し、日本国憲法もこれを認め、より一層強化した制度としている（国会が唯一の立法機関であること、行政機関による命令制定権を限定していること）。この原理には、二つの側面があるといわれる。一つは、法律の留保の原則であり、行政権の活動は法律の根拠に基づかなければならないこと、もう一つは、法律優先の原則であり、行政権のあらゆる活動はすべて法律に違反するものであってはならない、行政措置によって法律を実質的に変更するようなことになってはならないことである。

これを地方公共団体の事務について見るならば、その執行は国の法令及び当該地方公共団体の条例・規則の根拠に基づかなければならず、また、その執行はすべて国の法令及び当該地方公共団体の条例・規則に違反するものであってはならない、という意味になる。

## ③　事務と法制執務

### ⑴　「法」と地方公共団体

このような法律による行政の原理、さらにいえば法治主義の下で、地方公共団体の事務を行うためには、「法」を定立し、「法」を解釈し、執行することが必然的に必要となる。つまり、どのような「法」を形成し、定めることができるか、その「法」はどのような行為を命じ、あるいは禁止しているか、ある行政執行行為は、「法」に基づいているか、これに違反しないか、などを確認していくことが必要となる。ここにいう「法」とは、基本的には成文法であり、具体的には国の法令及び当該地方公共団体の条例・規則（その他の規程も含む）を意味する。

### ⑵　法制執務

広義の「法制執務」とは、まさに、これらに関する事務を意味する。つまり、法制度に関する立案、審査、解釈及び調査を行う事務である。もちろん、地方公共団体において立法権を持つのは議会であるし、また、限定的ではあるが、長その他の執行機関も行政命令的な制定権を有する。さらに、その制定された法を執行するのは執行機関である。法制執務は、この制定から執行、さらにはこれに関する争訟に至るまで、法の全過程に関する事務、つまり、その立法権と行政権の行使に対して補佐の機能を果たす事務を指すということになる。

他方、狭義の「法制執務」とは、成文法の立案及び審査に関する事務をいう。通常は、この狭義の意味で使われることが多い。しかし、成文法案を立案するにせよ、立案された成文法案を審査するにせよ、その過程は成文法の解釈と決して無縁ではない。成立した法令は解釈されて適用されるものであり、立案や審査は、その法令がどのように解釈され、適用されるかを予測し、検討しながら進められるものであるからである。

つまり、狭義の意味においても、広義の意味においても、「法制執務」は、法の解釈という基本において同じであり、その基礎が相通じているものということができる。いずれにしても、地方公共団体の事務を処理し、執行するには、法制執務は不可欠なのである。

＊地方公共団体と地方分権

地方公共団体が、住民自治と団体自治という理念の下に事務を執行するということは、その地域の実情に応じて、それぞれの仕方で、適切な行政を行うことを意味する。それはまた、住民に身近な行政はできる限り地方公共団体に委ね、他方、国は国家として全国的な規模や視点を必要とする施策や事務を行うとしつつ、適切な国と地方の役割分担を進めるという地方分権の理念ともなる。これまで、地方自治の本旨が謳われながら、その実体化はなかなか実現されず、地方公共団体の自主的・自立的な、かつ、自己の責任に基づく事務執行が行われがたかったことは事実である。今後地方分権の推進に伴い、地方公共団体における法制執務の必要性も一層高まることは必至といえるだろう。

＊自治体法務

自治体法務にせよ政策法務にせよ、比較的新しい言葉といえるが、地方分権の推進と相まって使われるようになったようであり、必ずしもその概念は明確とはいえない（「＊法政策と立法政策と政策法務」の項も参照・P24）。自治体つまり地方公共団体に固有の法務（法制的な事務）という意味と理解できるが、ここではとりあえず、自治体法務を、法制執務という実務の観点から見た地方公共団体の事務及びその執行と捉えることとする。

このように自治体法務を理解すると、これは次のように分類することができるだろう。①条例規則等の立案、②法令・条例規則等を執行するための法の解釈適用、③法の適用の結果を争う争訟、の三つである。①が狭義の法制執務であることは明らかであるし、②は法律による行政の原理に直接結びついていることは前述したとおりである。

③の争訟は、訴訟に限らず広く不服審査や不服申立て、苦情処理なども含まれる。ただし、訴訟は、原告になるにせよ被告になるにせよ、専門のテクニック（法廷技術）を必要とし、通常は弁護士に依頼することになるだろうし、不服審査は、申し立てられた事案を証拠に基づいて自ら精査し、その可否を判断するという、やや特殊な作業となるだろう。

このように、いわゆる自治体法務は、幅が広く、法の創造から解釈・適用、さらに紛争処理にまで及ぶ法過程のほぼすべてを含んでいるといえる。その意味では、本文で述べた広義の法制執務と同様のものと理解することができる。

＊法定受託事務と機関委任事務

地方分権推進一括法の制定（平成11年法律第87号。地方自治法等の改正）により、地方公共団体の事務は、それまでの固有事務（公共事務）・機関委任事務・その他の行政事務、という分類から、地域における事務・その他の事務で法律又はこれに基づく政令により処理することとされるもの、あるいは自治事務・法定受託事務、という分類に改められた。もちろん、これは分類そのものを改めたにとどまらず、機関委任事務制度を廃止するとともに、地方公共団体の事務の範囲も拡大するなどの基本的な考え方の変更でもある。

そのうち、法定受託事務については、機関委任事務の衣替えのようにいわれることがあるが、機関ではなく団体に託される事務であること、地方自治法の別表に限定的に列挙される事務であること、さらに、その事務の処理については、団体の事務として条例で定めるのが基本となること、などの違いがある。つまり、受託された事務であっても、全国一律の基準や準則によることなく、地域の実情に応じて、その地方公共団体の自主・自立的な処理をすることが可能となる。

＊準則

地方分権の推進に伴い、それまで中央省庁などから示されてきた条例・規則の準則やいわゆるヒナ型などが、縮小されてきている。つまり、それだけ地方公共団体側の自主・自立が求められているわけでもある。しかし、必ずしも準則がなくなるわけではなく、「全国的に統一して定めることが望ましい国民の諸活動又は地方自治に関する基本的な準則に関する事務」は国の役割とされているので（地方自治法１条の２）、そのような準則は示されることになる。このような事項を除けば、基本的には、各地方公共団体が、それぞれの地域に応じて、自ら条例・規則を定め、その事務を処理することになる。

＊行政指導と要綱行政

行政の執行と法令・条例・規則との関係については、これまで行政指導や要綱行政が一般的に行われ、地方公共団体の行政執行が必ずしもこれらの法規に基づかず、あるいはこれらの法規とは別に行われるという傾向があったことは否定しがたい。そのような行政執行においては、法制執務はあまりその必要性を認められず、不要ですらあったといえよう。しかし、行政指導にしても、行政手続法はその根拠・手続が法律に適合することを求めていて、その考え方は地方公共団体の事務においても当然妥当するし、いわゆる要綱行政にしても、法令や条例・規則の根拠なく、要綱のみによって、住民に対して義務や負担を課し、あるいは権利を制限することができないのは当然であり、その是正が求められる。このような意味においても、法制執務の重要性はいうまでもないところである。

# 2 条例・規則の意義

## ① 自治立法権

### (1) 条例・規則の制定権

地方公共団体は、条例を定めることができるとされ、立法権を憲法上保障されている。これは自治立法権ともいわれ、国会が唯一の立法機関とする原則の例外として憲法自身が認めたものである。すなわち、憲法第94条は、「地方公共団体は、その財産を管理し、事務を処理し、及び行政を執行する権能を有し、法律の範囲内で条例を制定することができる。」と規定している。また、これに基づいて、地方自治法は、条例の制定権と規則の制定権を規定している（14条１項、15条１項、138条の４第２項）。

### (2) 地方公共団体の機能

地方公共団体は、その自治を行うため、このような自治立法権に基づいて「法」を定立することができ、その「法」に基づいて、その事務を処理し、執行することとされるのである。

## ② 広義の条例と狭義の条例

### (1) 憲法上の条例

憲法は、地方公共団体が「条例」を定めることができるとしているが、この「条例」は広義のそれであって、地方公共団体が制定する「法」を意味する。その「法」は、具体的には、地方自治法において、議会の定める条例、長の制定する規則、さらに委員会が定める規則その他の規程の三つが定められている。憲法上の広義の「条例」に対して、議会の制定する「条例」は狭義のそれである。通常、条例といえば、この狭義のものを指す。

### ⑵ 自治立法権の範囲

憲法の保障する自治立法権は、「法律の範囲内において」認められているが、地方自治法においては、議会の定める条例も、長の定める規則も、「法令に違反しない限りにおいて」地方公共団体の事務に関して制定することができるとされる。ここにいう「法令」は、国の法律・政令・省令等を意味するが、政省令は、法律の委任に基づくか、法律を実施するために制定することが認められているので、結局は「法律の範囲内において」と同様の意味となる、と解されている。地方自治法によって自治立法権の範囲が狭められているわけではない。

### ⑶ 狭義の条例

狭義の条例は、住民の直接選挙によって選出される代表者で構成される議会において制定されるものであるから、地方公共団体の最も基本的な「法」であるということができる。したがって、義務を課し、又は権利を制限するには、条例によらなければならないし、また、条例には条例に違反した者に対する刑罰を定めることができるとされている（地方自治法14条２、３項)。長の制定する規則には、このようなことは認められていない。

### ⑷ 規則その他の規程

なお、委員会の定める規則その他の規程は、法令、条例、長の制定する規則に違反しない限りにおいて、その委員会の権限に属する事務に関して定めることができるとされている（同法138条の４第２項)。これは、地方公共団体の執行機関の組織が、長の所轄の下に構成されるものであること（同法138条の３）と、条例も規則も、住民の直接選挙によって選出される機関によって制定されるものであること、とによると解されよう。

# 3 法制執務の概要─法の解釈

## ① 法の立案と解釈

### (1) 広義の法制執務

広義の法制執務は、大別するならば、法制度あるいは「法」の立案に関する事務（狭義の法制執務）と、法の解釈・執行に関する事務とすることができる。本書では狭義の法制執務を扱うが、決して解釈に関する事務と切り離されたものとはいえない。立案する際にも解釈という作業は必要であり、それは、立案した条文や規定がどのように解釈されるかという側面と、既存の法体系はどのように解釈されるかという側面とがある。前者は、立案した条文や規定が政策意図を過不足なく表現し、これに基づいて執行されることによってその意図を実現できるか、という問題であり、後者は、立案した法が、既存の法体系と整合性を持ってその効力を発揮することができるか、という問題に結びつく。

他方、法の執行は、法の解釈と切っても切れない関係にあることは当然であり、法治主義の原理に基づく以上、法の解釈は行政の基礎であり、基本である。

したがって、法の解釈の重要性はいくら強調しても強調しきれないが、ここでは広義の法制執務の前提となる解釈の基礎的かつ一般的なポイントを概観しておく。

### (2) 法の解釈と適用

ここでいう「法」とは成文法一般を意味するが、法を具体・個別の人・事案・物事に当てはめて、その法の目的とするところを実現することを法の「適用」という。その適用をする際に、法の意味するところを明らかにし、その具体・個別の人や事案にどのように当てはまるかを確認する作業が法の「解釈」ということができる。

もちろん、法を適用するには、適用される人・事案・物事をまず明確に把握することが必要である。事実関係の確定は、最終的には適用される法の構成要件との対応関係でされることになるが、まずは、一応の事実関係の確認が必要となる。立法の場合には、これは立法事実の確認という作業に対応する。

事実関係の確認の上で、適用される可能性のある規定を明らかにし、その条文を読むことから、法の解釈は始まる。

## ② 適用条文の発見

### ⑴ 法の分野

ある人・事案・物事に対してどのような法が適用になるか、これを見出すことは、簡単である場合もあるが、一般的には困難な場合が多い。適用される法が幾重にもある可能性があるし、さまざまな観点から法が制定されていることが多いからである。したがって、まず、その対象と目的に応じて法の分野を特定し、次にその分野において、具体的に適用可能性のある法を見出すことが必要となる。しかし、対象は比較的明らかだが、どのような分野が関係するのか分かりにくいことも多い。さまざまな視点・観点から分野を特定する以外にない。適用可能性のある法は、一つの法令である場合も、複数ある場合もある。まずは中心となる法を見出すことである。

### ⑵ 適用条文の検討

具体的な法令が見出せたなら、次はその中のどの規定が関係するかを検討することになる。この場合、法令の構造を理解していると、該当条文がどのあたりにあるか比較的見当をつけやすい。そのためには目次で全体の構造をつかみ、定義規定で主な概念を把握し、個別具体的な条文に当たる、という手順を採ることになる。こういった作業を複数の法令について行い、関連条文を引き出すことになる。

＊対象と分野と法令

例えば、相続について見るならば、相続の基本的な制度は「民法」に規定されているのでこれを参照することになる。しかし、相続にもさまざまな特例があり、例えば中小企業については「中小企業における経営の承継の円滑化に関する法律」で遺留分の算定の特例が定められているなど、それぞれの分野に応じた特例を見出す必要がある。また、税ならば、税法の分野を見ることになり、その中で「相続税法」が求める法令ということになるが、ほかに「国税通則法」「租税特別措置法」なども必要になるかもしれない。

いずれにしても、ある程度の法体系の知識は必要であり、その上で、法令集やデータベースを利用して適用法令・条文を追求していかなければならない。実際にはこれは大変な作業であり、必要な規定を過不足なく検索するにはかなりの知識と経験を要するだろう。

## ③ 条文の読解

### (1) 条文を読む

適用可能な条文を検索できたならば、その条文をまずは読み込まなければならない。条文は、一見しても分かりにくいことが多いが、条文の構造を理解すると読みやすい。また、法令用語やテクニカル・ターム（第３部参照）を理解しておくことも読解には必要である。

条文を読む場合、まずは、主語と述語を明確にすることである。主語は、その条文が規定する規範の名宛人であることが多い。その名宛人について、どのような規範が設けられているか、それが述語である。その間には、さまざまな条件や要件が付与されている。それを一つずつ関連付けて確認することになる。

### (2) 法令における位置付け

条文は、それ１個で完結しているとは限らない。その法令における他の条文と論理的・有機的な関係を付与されている場合が多い。したがって、条文を読むに際しては、その条文がその法令の中でどのような位置を占めているか、を確認しておく必要がある。第１に、その法令の目的・趣旨との関係、第２に、その条文で使われている用語の定義・略称、第３に、その条文の置かれている位置（章、節などのグループの内容とその中での位置付け）、といった関連を読むことが必要である。

### ⑶　法体系における位置付け

さらに、その条文・規定を含む法令が、法令の体系の中でどのような位置を占めているかも確認する必要がある。第１に、同じ法形式の中でどのような位置付けがされているか。法律であるならば、その分野の基本法的な法律があるかどうか、特例を定めた法律があるかどうか、逆に、その法律との関係で原則を定めた法律があるかどうかなどである。第２に、効力の上下の関係にあるものがあるかどうか。法律であれば、上位には憲法と条約があるが、規定事項について関係がある規定があるかどうか、下位には政令・省令あるいは条例・規則などがあるが、下位法令に何らかの委任条項はないか、施行上必要な関連事項がないかどうか、といった点を確認する必要がある。

＊読解の例

第92条の２　普通地方公共団体の議会の議員は、当該普通地方公共団体に対し請負をする者及びその支配人又は主として同一の行為をする法人の無限責任社員、取締役、執行役若しくは監査役若しくはこれらに準ずべき者、支配人及び清算人たることができない。

主語（名宛人）（普通地方公共団体の議会の）議員
述語（規範）　（列挙してある人）たることができない（禁止）
対象　（Ａ）（ａ１）　当該普通地方公共団体に対し請負をする者
　　　　　　（ａ２）　その支配人
　　　（Ｂ）　主として同一の行為をする法人の
　　　　　　（ｂ１）（ｂ１-１）　無限責任社員・取締役・執行役・監査役

（ｂ１-２） これらに準ずべき者

（ｂ２） 支配人

（ｂ３） 清算人

規定の中心は、議員がここに掲げてある地位に就いていることができない、という意味であり、「できない」の意味も禁止の一種ととることになろう。分かりにくいのは禁止の対象であり、「及び」「又は」「若しくは」の使い分けを確認する必要がある。これを整理すると、（Ａ）又は（Ｂ)、という二つのグループになり、（ａ１）と（ａ２)、（ｂ１）と（ｂ２）と（ｂ３)、それぞれが「及び」で接続されている。（ｂ１-１）と（ｂ１-２）は「若しくは」（大きな接続）で接続され、（ｂ１-１）の中の４項目は「若しくは」（小さな接続）で結ばれている。

この規定は地方自治法にあるが、「議会」の章、その「組織」の節に置かれている。この規定の前には、議員の兼職の禁止の規定（92条）が置かれているので、兼業禁止（そのものではないが）のような規定であることが分かる。また、「普通地方公共団体」や「議員」はこの法律で何らかの関係規定があることを伺わせる（１条の３、17条、90条など)。

法体系の中では、「議会」について憲法に規定がある（93条)。また、「請負」は民法に定める契約の一態様であるし（632条～)、「支配人」などは会社法関係に関係規定があるだろう（商法20条～、会社法10条～、など)。さらに、この規定に対応して公職選挙法にも関連規定があるかもしれない（104条)。なお、下位法令への委任などは規定されていないし、特に施行・実施上の下位法令規定はないようである。

このように条文を読んだ上で、「請負をする者」や「主として同一の行為をする法人」「これらに準ずべき者」などの意味するところは何か、具体的な事案があったとした場合それがこれに該当するか、といった点は解釈の問題になる。さらに、これに違反した事案はどのように扱うべきか（「できない」の解釈に関係する)、という問題も出てくる。

## ④ 条文の解釈

### (1) 文理解釈

ある条文を適用しようとする場合、条文を読んだだけで意義が一義的に定まる、ということは少ない。ある程度、解釈する必要が出てくる。解釈の基本は、その条文を、そこに規定されている言葉・文章に即して理解する（解釈する）ことである。成文法であることの意味は、書かれていることに忠実に事案に当てはめること、これによって行為の効果について誰もが予測ができ、これに従うことによって法的安定性が確保される、為政者の恣意によることなく正当性を確保できる、ということにある以上、当然のことである。これを一般に文理解釈という。

文理解釈は、条文の読解が基本である。また、そこで使用されている言葉・用語の意味内容（内包と外延）を明確にすることも基本である。その際、その法令で定義付けられている概念、法体系において特定されている概念に留意する必要がある。法令用語についても同様である。一般的な、常識的な用例と若干異なる場合も少なくないからである。

### (2) 論理解釈

条文に規定されている文言だけからは、意味や適用可能性などが必ずしも明らかにならない場合もある。その際には、その条文について論理的な思考によって意味を明らかにすることになる。これを一般に論理解釈という。

この場合の論理は、一般に承認される論理性の下に使用されるべきであり、特殊・特異な論理では説得力はなく、誰をも納得させるものにはならない。法学入門などでは、縮小・変更・反対・類推といった論理操作による解釈が一般的に承認されていると説かれる。しかし、ケースによっては妥当しがたい場合もあり、それぞれ具体的な場合における論理性を確認しなければならない。

### (3) 趣旨・目的論的解釈

論理解釈に際して、いくつかの考え方が可能である場合、そのうちのどれを採るべきか問題になることがある。その判断基準として、趣旨解釈や目的論的解釈が挙げられることがある。これは、その条文あるいはその条文を含む法令の趣旨や目的を明らかにし、これに照らしてもっとも適合するような論理解釈を採るべきである、とする考え方である。通常、その法令の目的や趣旨は第１条に置かれており、これに対応することになるが、個々の条文においても、それぞれにその目的とするところや趣旨が（書かれていなくても）あるわけであり、それを究明しながら論理的な解釈を導く、という作業でもある。

これに関連して、法解釈の古くからの課題に、唯一の正しい解釈があり得るか、というテーマがある。以上のような論理操作を経て解釈をすることにはなるが、成り立ち得る複数の解釈が導かれることも多く、そのどれが絶対的に正しいと結論づけることはできないだろう。問題は、その解釈が多くの人を納得させられ、かつ、その結論が妥当と考えられるかどうかであり、そうならばその解釈は妥当性を持つ、ということになろう。

＊論理解釈の例

労働者は、その養育する一歳に満たない子について、その事業主に申し出ることにより、育児休業をすることができる。
（育児休業、介護休業等育児又は家族介護を行う労働者の福祉に関する法律５条１項本文）

育児休業に関する規定の一部であるが、「労働者」、「育児休業」については定義規定が置かれている。ここでは「子」の解釈を検討してみよう。

法令上「子」は、民法に規定される「親子」（772条以下）における「子」をいうのが一般的であり、これには「実子」と「養子」とがある。したがって、ここでは「労働者」と親子関係にある「子」という意味になるが、仮に、この規定が少子化対策（特殊出生率の向上）を図る趣旨であると強調して、「子」を「実子」だけに限ると解釈するならば、これは縮小解釈といえる。

これに対して、この規定を育児の社会的支援策と位置付けていわゆる

「里子」(児童福祉法6条の3参照)も含めると解釈するならば、これは一種の拡大解釈ということもできるが、明らかに「子」という概念からはずれるので、変更解釈ということにもなる。仮に、「里子」も対象とするならば、本来は法改正をして含ませるべきということができる。

また、「一歳以上の子」については育児休業をすることができない、と解釈するのは、「一歳に満たない子」についての反対解釈ということができる。ただし、この後ろにおかれた規定には、一歳以上の子についての育児休業を認める要件が定められている。「労働者」以外の者は育児休業をすることができない、と解するのも同様である。

一方、公務員も「労働者」であるとするならばこの規定はもちろん公務員にも適用される、と解するのが、もちろん解釈であるが、残念ながら、この規定は国家公務員と地方公務員には適用しない、という明文の規定が別に置かれている(61条参照。各公務員を対象とする育児休業法が定められている)。もっとも、その規定がなければ、一応は公務員にも適用されることにはなる。

類推解釈は、同じような趣旨の規定が別にあり、その規定の内容や解釈から類推して考えれば、こちらの規定もこのように解釈できる、というような解釈方法をいう。例えば、子ども・子育て支援の適切な実施を図る法律として児童手当法があるが、児童手当は、父母に監護されず又はこれと生計を同じくしていない支給要件該当の児童を監護・生計維持をする者(例えば祖父母、里親も含まれ得る)にも支給できるように規定されている(同法4条1項)。この考え方を類推して、そのような場合に例えば祖母が育児休業をすることができる、と解釈するならば、これは類推解釈の一つかもしれない。ただし、育児休業と児童手当とはその制度の趣旨が異なるので、類推解釈する合理性はないといっていい。育児休業の規定の文理解釈からしても無理な解釈となる。

このように、さまざまな解釈の手法はあるが、文理解釈を基本として、その規定の趣旨と法令の趣旨(育児休業法は「子の養育……を行う労働者等の雇用の継続及び再就職の促進を図り、もってこれらの者の職業生活と家庭生活との両立に寄与する」ことを目的としている－同法1

条）に照らして、合理的と考えられる解釈を導かなければならない。

# 4 法制執務の概要―法の立案

## ① 法の立案

### ⑴ 狭義の法制執務

狭義の法制執務は、その作業過程（立案過程）から見るならば、二つの段階に分けることが可能である。政策と法政策の形成の段階と、条文化の段階とである。ただし、これはあくまでも観念的・理念的な過程であり、実際の作業過程はさまざまであって、その二つの段階が混在したり、両方の段階を行きつ戻りつしたりする場合も珍しくない。理念型としての段階であることを注意されたい。

### ⑵ 立案過程

立案の前段階は政策と法政策の形成であるが、これは何らかの事実や状況があり、これに対処しようとする動機があってはじめてその作業が開始される。つまり立法事実の確定とこれに対する立案目的の明確化である。これに対応して合理的かつ目的適合性のある政策が立案され、そのうちの法的な手段として採るべき措置が法政策として形成される、という過程を経る。

後段階は、この法政策に基づいて要綱を作成し、これを条文化するという作業である。法としての構造を明確にし、法体系の中に位置付け、他の法制度との整合性を図り、規定として定着させる過程である。ここではいわゆる狭義の立法技術を踏まえて作業が行われる。

## ② 政策と法政策の形成

### (1) 政策の形成

社会の現実あるいは社会状況に応じて、さまざまな問題が生じ、課題が発生する。これに対して何らかの方策の必要性が認識されるだろう。これが政策の立案の動機である。その方策や政策を立案するには、関連事実、換言すれば政策を基礎付ける事実の調査が必要であり、これを踏まえて政策を形成する。この政策には、既存の法制度を根拠として実施できるものや、法制度を利用しなくても可能であるもの、予算措置で対応できるものなどが含まれるだろう。しかし、それだけではなく、新たな法制度や法技術を必要とするものもあるだろう。

### (2) 法政策の形成

このように、政策のうちで、新たに法的な手段や手法や技術を必要とし、かつ、これを利用して対処しようとするものが、法政策ということになる。政策すべてが法政策になるわけではない。政策には、法あるいは法制度という強制力を伴った手段を用いるのが適切なものとそうでないもの、そのような手段になじむものとなじまないもの、そのような手段が許されるものと許されないものなどが含まれている。このような中から、法とすることが適切な内容の政策、法とすることに適合するような政策を形成することが、法政策の形成である。関連事実のうち、この法政策の形成を基礎付ける事実は、法政策の観点からは、立法事実と呼ばれることになる。立法事実の確定は、法政策の要件の検証に不可欠な作業である。

## ③ 条文化

### ⑴ 要綱の作成と条文化

形成された法政策に基づいて、法令案（条例案・規則案）の骨子や大綱を形成し、これから技術的な検討を経て要綱を作成し、これを条文化して法令案の形に整序する、これが後段階である。

この後段階は、また大別すれば、要綱の作成の段階と条文化の段階とになる。要綱の作成は、法政策を法令の形にするために、項目別に必要な事項を整理し、これを順序立てて構成する作業であり、条文化は、既存の法体系に整合性を持って組み込めるように調整しつつ、具体的な法令の構造に適合するように個々の規定を構成し、一つの法令案として完成させる作業である。

### ⑵ 立法技術

この後段階の作業について必要な考え方や技術を広く立法技術ということもあるが、通常、立法技術という場合は、このうちの条文化作業に必要な技術を意味することが多い。このような技術は、何らかの成文によって決められているものではなく、また、絶対不変のものでもない。しかし、長い時を重ねてさまざまな原理やルール（約束事）が生み出され、蓄積され、定着してきている。これは一つの国の文化であり、このような原理やルールに従って、成文法は作成されなければならない。地方公共団体の成文法も、国の法体系の一端を担う以上、同様に作成されなければならない。

＊法政策と立法政策と政策法務

「法政策」という言葉は、必ずしも一般的な用語とはいえないかもしれないが、政策を法的な観点から整理する必要がある以上、有用な用語である。法政策を制度という面から見るならば、法政策の形成は法制度の設計ということもできる。

これに対して「立法政策」という言葉は、これも明確な定義がないといってよいが、基本的には法政策とその内容が異なるものではない。法という手段による政策、あるいは法を定立することによる政策の形成を意味することが多いからである。しかし、より一般的には、法の執行という行為と対比して使われ、立法に委ねられる問題、立法という行為の裁量に委ねられる範疇の問題、という意味が強い。政策の形成・立案という面からは、法政策の方が適切な言葉だろう。

最近よく使われる言葉が「政策法務」であるが、これも内容は必ずしも明確ではない。政策を法的な観点から研究する分野について政策法学という言葉が使われることがあるが、これを実務の面から見ると政策法務ということになるだろう。このような観点と、地方分権の進展に伴い、改めて政策主体として認識されるようになった地方公共団体において、法的な実務能力が要請されるという状況とによって、政策法務の必要性がクローズアップされてきたように思われる。政策法務には、条例法務、争訟法務、執行法務などがあるとか、評価法務や立法法務もあるなどとも言われるようであり、また、自治体法務という言葉も使われているようである。いずれにせよ、法政策にせよ、政策法務にせよ、これを実務の面からすれば法制執務と異なるものではないといえよう。

＊法制執務と立法技術

立法技術は、前に述べたように、広義のそれは法政策要綱の作成から条文化に至る作業の技術的側面を意味し、狭義のそれは法案（条例案・規則案）要綱を作成し、さらに条文化する作業を対象とする。いずれにしても、法制執務という概念とは観点の異なる概念である。これまで、法制執務というと、立法技術、それも条文化の技術の作業と受け止められる傾向にあったことは否めない。しかし、これまで説明してきたように、立法技術といっても、条文化という狭い範囲の技術だけでなく、法政策の形成をも含んでいる幅広い概念として考える必要がある。

＊立案作業の流れ

法制執務の中核は、法政策の形成から条文化による法案化（条例案・規則案）に至るまでの作業（これを立案作業ということができる）といえるが、理念的なその作業の流れは次のようになる。

1）政策と法政策

① 問題・課題（テーマ）の把握・事実関係の把握

② 対応策の検討－目的・手段・効果

③ 政策の形成－内容の構成・法的手段とそれ以外の手段

④ 法政策の形成－立法事実・法的手段・要件の検証

⑤ 法政策要綱の作成

2）法案（条例案・規則案）の作成

① 法政策要綱から法案要綱の作成
　　－法的整合性・法案の形式・概念と法案構成の確定

② 条文化－各規定の構成・規定相互間の調整

＊立案作業上の留意点

作業は、何人かのチームを作って進めるのが一般的である。さまざまな観点から問題点を見出し、これを解決していくためには、自由な議論と、議論の焦点を確認し、メモなどで共通認識として段階的に進めることが望まれる。

実際の条文化作業においては、それぞれのチェック事項や用語の正確・的確・明確・平明さなどを検証するとともに、過不足なく法的要件を表現しているか常に確認する必要がある。

なお、何時の段階でも、法として成立した後の執行などを担当する部局にとどまらず、関係団体や業界、さらには住民の意見を聴取し、必要な調整をすることも、立案作業として要請されるところである。

# 第2章

# 法と法体系

# I　法規範

## ①　法規範

### (1)　規範

法は、一つの規範、あるいは社会規範の一種といわれる。

規範とは、その社会でそれに従うことが求められる行動などの型、物事の是非善悪を評価する尺度などと定義される。人が社会生活を営む以上は、何らかの社会規範が必要となる。規範としては、法、道徳、習俗、宗教などが挙げられるが、それぞれにその特色を有する。

### (2)　法規範

法規範の存在形式はさまざまであり、社会によっても異なるが、その共通する最大の特徴は、何らかの形で強制力を有することである。法規範は、社会の秩序を維持し、又は創設するために、あることをすべきこと又はしてはならないことを定めて、これに従って行動すること、あるいはこれを遵守することを命令する。その強制の方法としては、心理的な強制、（違反した場合の）社会的なサンクションや不利益の付与、実力による実施・実現など、その程度が弱いものから強いものまでいろいろとある。法規範のうちでも、国家権力の定めるいわゆる「法」は最も強力な法規範ということができるが、これを支えるものは、国家の持つ権力（公権力）による強制力であり、自由や財産、最終的には生命に対してまでもサンクションを与えることができるものである。

このような法規範は、現代社会においては、その社会を構成する人々がこれを遵守することができ、かつ、そのすべての人々の（広い意味での）福祉を実現するためにふさわしい内容と形式を備えたものでなければならない。

## ② 成文法と不文法

### ⑴ 成文法

法（規範）の存在形式としては、大きく分けて、成文法と不文法がある。成文法は、書かれた文章として存在する法規範である。文字で書き表され、文書の形式を備えている法である。現代社会（国家）においては、立法権によって、その作用として成文化され、制定されるものであるところから、制定法ともいわれる。日本の国内の成文法の形式としては、憲法・法律・政令・府令・省令・条例・規則などがあり、その制定権者と所管事項とによって分類され、その間の効力について優劣関係がある。成文法は、個々人が勝手に変更することができない、誰でもが同様に認識することができる、という特徴を持つ。

### ⑵ 不文法

これに対して不文法とは、成文法以外の法規範をいうが、文字で具体化されていないものである。一般的には、慣習法、条理といったものがこれに該当するが、いわゆる判例法もこの範疇に含まれる。慣習法とは、一定範囲の人々の間で社会生活上共通に反復して行われ、ある程度まで人の行動を拘束するようになった一種の社会規範で、特に実定法上の拘束力を取得したもの、とされる。条理とは、社会生活における根本理念で、ものごとの道理、筋道、合理性などを意味する。判例法は、裁判の先例の集積によって抽出される法、あるいはその先例そのものである。

＊法源（ほうげん）

「法」の存在形式は、「法源」ともいうことができる。法源とは、通常、法の解釈・適用に際して援用することができる規範を意味する。法哲学上では、法の究極的な妥当根拠（神、主権者など）をいうこともある。

＊成文法主義と判例法主義

英米法系の諸国は、判例が原則的な法源であるコモン・ローの法体系である。これを判例法主義ともいう。先例拘束主義によって拘束力を有する判例が法源とされるから、その法体系は具体的な事案への判決の集合体となる。もちろん、国の立法作用によって制定される制定法の体系も存在し、これを否定するものではない。これに対して大陸（ヨーロッパ）法系の諸国では、抽象的・理論的な成文法を中心とした体系の成文法主義であって、判例の先例拘束力は事実上のものにすぎない。しかし、判例法の成立する余地がないわけではない。

わが国は、近代化の過程でドイツやフランスの大陸法を継授したため、成文法主義の法体系を採っている。判例には原則として先例拘束性はないが、判例の積み重ねにより法体系を作り出すこともある。

## ③ 日本の成文法・不文法

### (1) 成文法

日本の国内法の成文法は、憲法を頂点として、法律、政令、府・省令、その他の規則などがあり、また地方公共団体の成文法として条例、規則があって、これらが法体系を構成している。また、条約も国内法としての効力を有するものがあり、これも成文法体系に含まれる（各法形式については、次節「法の体系」で詳述する）。

### (2) 不文法

日本の法体系において、不文法は、次のように限定的にその効力を認められている。一般的に、成文法は不文法にその効力において優先する。不文法の間では、その効力は次に掲げる順とされる。

#### ① 慣習法

慣習のうち、実定法上の拘束力を取得したものは「慣習法」と呼ばれ、これに至らないものは「事実たる慣習」と呼ばれる。しかし、法の適用に関する通則法（平成18年法律第78号）第３条は、次のように規定して、慣習法に任意法規以下の効力しか認めていない。

「公の秩序又は善良の風俗に反しない慣習は、法令の規定により認められたもの又は法令に規定されていない事項に関するものに限り、法律と同一の効力を有する」

これに対して、民法第92条は、次のように規定して、事実たる慣習に任意法規以上の効力を認めている。この両者の関係の解釈については説が分かれている。

「法令中の公の秩序に関しない規定と異なる慣習がある場合において、法律行為の当事者がその慣習による意思を有しているものと認められるときは、その慣習に従う。」

このほか、入会権や商慣習法については特則がある（民法263条、商法１条２項）。また、慣習法が判例を通じて強行法規を変更する場合もある。

なお、一般国際法においては、慣習法が原則とされてきたが、近年は成文化が進んでいて、国内で公布される条約も多い。

### ②　判例法

わが国においては判決に先例拘束力を認めているわけではないが、制定法の解釈、制定法の欠缺の補填などにおいて、また、制定法の条文に反することとなる場合さえあるが、判例が法制度の体系を作ることがある。これは判例の積み重ねにより、抽象的な規範が成立する場合であり、判例法ということができる。民事においては譲渡担保制度や内縁の保護などがあり、刑事においては共謀共同正犯などがある。

### ③　条理

いわゆるものごとの道理であるが、法技術的には、法の欠缺を補う解釈上又は裁判上の基準を意味する。しかし、これに法源性を認められるかどうかについては学説上も争いがある。実務上、条理を援用した判例はほとんどない。

＊任意法規と強行法規

当事者の意思によって異なる効果を生じさせることができる法規、あるいは当事者がこれと異なる意思を表示しないときにだけ適用される法規を任意法規、当事者が欲するかどうかにかかわらず適用される法規を強行法規という。抽象的には、公の秩序に関する法規が強行法規であり、そうでないものは任意法規である。具体的な規定がどちらに属するかは、その規定の趣旨を判断して決める以外にない。

＊法の欠缺（けんけつ）

発生した具体的な事案に対して適用すべき法が存在しないことをいう。適用する法が全く存在しない場合と、部分的に存在しない場合とがある。

# 2 法の体系

## ① 国の法体系

国の法令の形式は、制定権者の違いによって決定される。その相互の効力関係は、原則として次に掲げる順序によるが、所管事項との関係もあり、必ずしも一義的に決まるとは限らない場合がある。

### ① 憲法

憲法は、国の基本法規であり、国の最高法規である。これに反する法律や国の行為などは無効である（憲法98条）。日本国憲法の制定権者は、主権者である日本国民である（憲法前文１項、１条、96条参照）。憲法は、国民の権利義務の基本を定め、国の意思決定の方法と統治機構を定める。

### ② 法律

法律は、国民の代表者で組織する国会が制定する。法律の効力は憲法に次ぐが、条約よりも劣ると解されている。その定めることのできる事項はあらゆる範囲に及ぶ。国民の権利を制限し、又は国民に義務を課するには法律によらなければならない。

### ③ 議院規則

国会を構成する衆議院・参議院が制定する。その会議その他の手続及び内部の規律に関する事項を定める（憲法58条２項）。その効力は一般的には法律に次ぐとされるが、所管事項との関係もあり、学説上争いもあり、必ずしも一義的には決まらない。

### ④　最高裁判所規則

最高裁判所が制定する。その所管事項は、訴訟に関する手続、弁護士、裁判所の内部規律及び司法事務処理に関する事項とされる（憲法77条１項）。その効力は法律に次ぐ。

### ⑤　政令

政令は、行政権の属する内閣が制定する。政令は、憲法及び法律を実施するために制定できる（憲法73条６号）。また、法律から委任された事項を委任の範囲内において定めることができる。しかし、政令には、特に法律の委任がある場合を除いては、罰則を設けることはできない。国民の権利を制限し、又は国民に義務を課することもできない。

### ⑥　府令・省令

内閣府令・省令は、行政事務を分担管理する各省大臣（内閣府の長としての内閣総理大臣を含む。）が、その担当する行政事務について、法律・政令を施行するため、又は法律・政令の委任に基づいて定める。内閣府令・省令は、「規則」という名称を持つことが多く、一般的に「規則」といわれることもある。

### ⑦　その他の規則

行政機関である委員会と庁の長官も、その担当する行政事務について、法律の定めるところにより、規則その他の特別の命令を定めることができる。これも一般的に「規則」ということが多い。会計検査院規則、人事院規則、公正取引委員会規則、国家公安委員会規則などが、その例である。

＊法令

一般的には、法律と命令を併せて呼ぶ概念とされる。命令は、議会の議を経ることなく、行政権が制定する法をいうから、政令、府・省令、その他の規則を意味する。したがって、わが国においては、国の法令を指すことになる。しかし、場合によっては、地方公共団体の条例・規則、最高裁判所規則なども含めていうこともある。また、憲法を含めることもある。

＊告示・訓令・通達

告示は、公の機関が指定・決定などの処分その他の事項を一般に公に知らせる行為であり、また、その行為の形式の一種でもある。各省大臣と委員会と庁の長官は、一般的にこの告示制定権が認められている。そのほか、個別の法令中に、告示に関する規定を置く例が多く見られる。告示の内容は、具体的・個別的な処分や事実（の通知）から、規則などと同じように法規的な性格を持つ一般的・抽象的な規範まで多岐にわたる。

これに対して訓令・通達は、同じように各省大臣と委員会と庁の長官に一般的に発することが認められているが、ある事項を一般に公にするものではなく、所管の機関（下級官庁）や職員に対して命じ、あるいは示すものである。したがって、国民・住民に対して拘束力を持たず、機関や職員がこれに違反して行政行為を行っても、直ちに違法の行政行為とはならない。なお、通達は、上級官庁が下級官庁に対して法令の解釈や運用方針などを示すものであり、通常、「訓令」の形はとらない。

一般に公にしなければならない事項の場合は告示という形式を、行政あるいは組織の内部に示す事項の場合は訓令・通達という形式を採らなければならない。もちろん、いずれにしても、国民・住民に対して拘束力を持つようなことを定めることはできない。

なお、地方公共団体においても、地方自治法にこれらに関する一般的な規定はないが、告示・訓令・通達を発することができると解される。

## ② 地方公共団体の法体系

地方公共団体の成文法は、条例、規則、規則その他の規程の３種類であり、その効力関係もこの順による。しかし、自治立法権は、いずれも法律の範囲内で（法令に違反しない限りにおいて）認められるものであるから、国の法令に違反することはできない。つまり、効力関係は、国の法令が優先することになる。また、したがって、広い意味での国の法体系は、この地方公共団体の条例・規則を含んだものとなる。

### ① 条例

地方公共団体の議会が制定する。その地方公共団体の事務に関して定めることができる。自治事務、法定受託事務いずれについても定められる。また、法律の委任に基づいて制定することもある。なお、住民に義務を課し、又はその権利を制限するには、原則として条例によらなければならない。一定の範囲で刑罰を定めることができる。

都道府県の条例と市町村の条例は、原則として所管事項が異なるから、通常は抵触せず、相互に優劣関係は生じない。しかし、市町村・特別区は、その属する都道府県の条例に違反してその事務を処理してはならないとされ、これに違反した行為は無効とされる（地方自治法２条16、17項）。

### ② 規則

規則は、地方公共団体の長が、その権限に属する事項について制定する。一定の事項については、規則で定めることとされている（例：財務に関する事項、地方自治法施行令173条の２）。条例の委任に基づいて制定することもある。

条例と規則は、原則として法としての効力に優劣関係はない。また、原則として所管事項が異なるので、その間に抵触関係は生じないと解されているが、実際に抵触が起こることはあり、その場合には、住民の代表者で組織する議会の制定する条例が優先すると解されている。

### ③ 委員会規則・規程

委員会規則・規程は、地方公共団体の委員会が制定する。委員会規則・規程は、法律の定めるところにより、法令又は地方公共団体の条例若しくは規則に違反しない限りにおいて、その権限に属する事務に関して、制定できる（地方自治法138条の４第２項）。

＊例規

例規とは何を指すかについては、確定していないといわざるを得ない。一般的には、慣例と規則、あるいは慣例に基づく規則、先例となる規則をいう、とされる。地方自治関係では、条例と規則を意味し、あるいはこれに加えて規則その他の規程を含めて呼ぶことが多いようである。さらに、これらのほかに、告示や要綱の類など地方公共団体の公務執行上の定めや規範をすべて含む場合もある。

## ③ 相互調整・秩序の原理

### (1) 法令の法体系における位置付け

地方公共団体も含めて、国の法体系は、以上のような法形式によって階層的かつ統一的に構成されている。それぞれの法形式は制定権者が異なり、また原則としてそれぞれに所管事項が定まっている。さらに、その形式的な効力の優劣関係も明確になっている。これらの原理によって、具体的な法令あるいは立案する法令は、法体系の中に位置付けられている。

したがって、法令案を立案する場合、その法令案をこの法体系の中に適切に位置付けなければならない。その位置付けは、制定権者との関係もあるが、基本的に二つの側面から行われる。まず、基本的には、どのような事項を定めるかによって、どの法形式（種類）の法令とするかが決まる。これにより、その法令は法体系の中のいずれかの階層に位置付けられる。次に、同じ法形式の法令の相互の調整をどのようにするかによって、同じ階層の中での位置付けが決まる。また、法を改正したり廃止したりする場合も、同じ法形式によらなければならない。例えば、法律の改正は法律により、条例の改正は条例により、行わなければならない。上位にある法形式が下位のものにその効力が優先するとしても、上位の法形式によって下位の法形式を改廃することは原則としてできない。ただし、上位の法形式によって下位の法の効力を否定することは可能と考えられ、実際にそのような例もある。これらは法適格性と法整合性の問題ともいうことができる。

### ⑵　異なる法形式の法令間における調整

異なる法形式の間の秩序あるいは調整については、原則として所管事項と効力の優劣関係（階層）によって行われる。例えば、法律は、ほとんどあらゆる事項について定めることができるが、政令は、法律の委任に基づくか、これを実施するために（つまりこれらの事項についてのみ）定めることができる。また、政令は、国民の権利を制限し、あるいは国民に義務を課することはできない。その効力関係では法律が優先する。

### ⑶　同じ階層にある異なる法形式の法令間における調整

同じ階層にある異なる法形式の場合には、原則として所管事項が異なるので、基本的には競合することはない。例えば、皇室典範は法律として公布されているが、憲法で特にその名称を規定しているので、法形式としては法律とは異なると解することもできる。したがって、法律と同じ階層にあるが、皇位の継承という事項については皇室典範という法形式で定めなければならない（憲法２条）。また、内閣府令と各省の省令は、それぞれの所管事項について、上位法令の委任に基づいて、あるいはこれを実施するために各省大臣が制定するものであるから、所管事項が異なり、競合は生じない。

条例と規則も、同じ階層にある（同じ効力関係にある）法形式であるが、原則としては、所管事項が異なることにより、競合を生じない。ただし、競合が全く生じないとはいえず、生じた場合には結局条例が優先すると解されていることは先述したとおりである。

### ⑷　同じ法形式の法令間における調整

同じ法形式の法令については、効力、所管事項ともに同じであるから、立案する場合には相互の間に矛盾が生じないよう、整合性を保つようにしなければならない。立案に際しては、次のいずれかの方法により調整することになる。

#### ①　解釈による調整

相矛盾すると見られる複数の規定の関係が、それぞれの規定の解釈によって調整されることが明らかとなるように立案することである。あるいは、相矛盾するように見える規定の関係が、解釈によって調整され、それが合理的であれば、特に措置を採る必要はないことになる。このような意味での「解釈」にはさまざまなものがあるが、例えば、趣旨・目的が異なる、想定する適用対象が異なる、適用の優先劣後の関係がある、などといった調整である。

### ② 調整規定を設ける

調整規定の設け方にもいろいろあるが、例えば、矛盾が生じないように既存の法令を改正する、どちらの規定が優先して適用されるか明定する、どちらの規定が適用を排除されるか明定する、解釈指針を定める、などが考えられる。

都道府県の条例と市町村の条例では、その事務は競合しないことを原則としているから、相互に矛盾が生じないはずであるが、全く競合がないとはいえない。これについては地方自治法に、条例そのものについての規定ではないが、都道府県条例が優先すると解される規定が置かれている（地方自治法２条16、17項）。これは調整規定の一種といえる。

## (5) 解釈調整の一般原則

現に存在する同じ法形式の法令間において、競合する規定がある場合には、調整規定がなければ、一般的には、次のような解釈の原理によって調整することとされる。

### ① 後法優先の原則

法令の制定の時間的前後関係によって優先される法令を決めるものであり、時間的に後に制定された法令（後法）が、時間的に前に制定された法令（前法）に優先する、とする原則である。

### ② 特別法優先の原則

法令を相対的に一般法と特別法とに分け、特別法の方が優先する、とする原則である。この関係は相対的であるから、例えば、Ａという法令が、Ｂという法令に対して特別法であるが、Ｃという法令に対しては一般法である、ということもあり得る。この関係は、あくまでも個別具体的な判断にならざるを得ない。

＊基本法

「基本法」とか「基本条例」という名称を持つ法令があるが、これは他の法律や条例より上位に位置付けられているわけではなく、法的な形式的効力は他の法律や条例と同等である。しかし、規定されている内容の基本性・一般性を根拠にして、実際上優越的に取り扱われる傾向にある。その性格上、内容的には他の法律や条例に対して一般法となるが、必ずしも劣後するわけではない。これは一般法・特別法の関係による調整にはなじまず、解釈による調整ということになる。

＊地方公共団体の事務と条例・規則の立案

地方分権の推進により、地方公共団体の事務は自治事務と法定受託事務とに分けられる、幅広いものになり、条例の規定対象も飛躍的に拡大した。改革前にあった機関委任事務の制度下においては、これは機関に委ねられた事務であるから、これについて地方公共団体の条例で定めることはできず、規則で定めなければならないと解されていた。現在は、地方公共団体の事務については、長の専管事項でない限り、条例で定めることができる。つまり、条例の所管事項が拡大したということである。さらに、住民の権利を制限し、又は住民に義務を課するには条例によらなければならないこととされ、条例の重要性もより高まったといってよい。それ故にこそ、条例や規則を立案する際には、法治主義の原則や権利・義務について十分に配慮することが望まれる。

# 第3章

# 法政策の形成と条文化

# I　法政策の要件

## ①　法政策の形成

### (1)　立法事実と法政策

政策の形成は、何らかの課題があり、これに対処する必要があることを認識するところから開始される。これは政策立案の動機ということができる。立案の前段階としては、この課題に関連する事実関係や、事態が生じてきた原因など、政策を基礎付ける事実を調査することが必要である。これらは、法政策を立案する場合の、いわゆる立法事実と呼ばれるものになる。

課題に対処するための政策は、便宜的に分ければ、既存の法や技術によって実施するものと、新たな法手段を定めてこれによって実施するものとになる。いずれも政策形成であるが、法政策は、新たな立法による場合の政策を意味する。つまり、新たな法手段や法制度の設計による政策であり、これは当然に、何らかの成文法の作成又は立案（条文化）に至る作業となる。したがって、その法手段は、法としての観点から、可能か、相応しいか、適切か、といった、いくつかの側面を検証し、その検証をクリアーする必要がある。もちろん、最終的には、地方公共団体も含め国の成文法は、裁判所による憲法適合性の審査に服するものであり（違憲立法審査権）、その判断に委ねられることになるが、立案の過程においても、その検証は不可欠である。

### (2)　法手段・法制度の内容

法政策の内容は、さまざまである。また、新たな法手段・法制度といっても、まったく新規なものを生み出すということはほとんどない。これまで使われてきたものを事態に応じて修正したり、部分的に新たな工夫をしたりして形成することが普通である。もちろん、大きく分ければ、何らかの権利や利益を与える、何らかの行為や態様を規制する、何らかの組織や機関を設置する、といった内容が考えられるだろう。これらを組み合わせ、事態に適切な対応手段を細部にわたって検証し、構成していくことが、法政策の形成という作業になる。

＊行政的手段と立法的手段

政策のうち、既存の法手段によるものは、結局、現在ある権限を根拠に実施するものであるから、行政的手段ということができる。これに対して新たな法手段や法制度によるものを、立法的手段ということができる。もちろん、広い意味での政策には、公権力あるいは行政側としては何もしない、という判断も含まれる。これには、民間の自主的な活動に委ね、行政の介入は避ける、という場合も含まれるだろうし、行政権の行使は控えるべきだという場合もあるだろう。

行政的手段としては、各種の事実上の要請、財政援助・補助、技術的な助言・支援、行政指導、法令を根拠とする権限の執行、強制的な措置、といったさまざまなものがあり得る。しかし、いずれの場合においても、適法な措置でなければならないし、法治主義にもとることがあってはならない。特に、要綱行政や行政指導といった名の下に、住民の権利を制限し、あるいは住民に義務を課したと同様の結果となるような措置を行ってはならない。

立法的手段が必要かどうかという判断の基本は、現存する法令によっては解決が難しい、という点に帰着するだろう。その上で、どのような法手段や法制度が必要となるか、さらに、どのような法令（条例・規則）として形式を与えるか、その結果として目的を実現することができるか、といった作業・検証をすることになる。

＊立案過程

法政策の形成から条文化に至るまでの過程は立案過程と呼ばれ、作成された法令案を議会などに提出して審議を経て、この法令案が法令として制定される過程は立法過程と呼ばれる。広い意味での立法過程は、立案過程をも含むことがある。特に、条文化作業とは別に、関係方面などとの調整過程を立法過程に含むことは多い。立法過程、特に議会の制定する法律や条例の立法過程は、議会審議手続などはルールとして定められているから、ある程度のパターン化やモデル化はできるが、必ずしも一様ではなく、多かれ少なかれ政治事情やテーマの性格・性質などによって異なる。立案過程も同様で、一義的に決まるものではないが、理念的にはある程度のモデル化は可能である。しかし、それも非常に概括的なものにならざるを得ない（第１章第３節参照）。

## ② 法政策の要件

### ⑴ 法政策の要件

法令案を立案する場合においては、まず、採用しようとするある法政策が、法政策として可能かどうか、を検証しなければならない。その検証は、おおむね、次の三つの観点からなされる。ただし、これらの要素は必ずしも明確に分離することができるとは限らない。相互に関連し、あるいは密接に結びついているのが普通である。これを法政策の要件ということにする。

法政策の要件は、第１に、法という手段を採ることが適切か、可能か、という法適格性が基礎になければならない。これは法とは何か、という問題と関係する。第２に、法であるには、その正統性がなければならない。これが規範の問題になる。第３に、法は一つの社会的な技法であるから、目的、手段、その関係、それぞれが合理的でなければならない。

### ⑵ 法適格性

法政策は、法という手段によって目的を実現するのに適したものでなければならない。また、法制度として定立することに適したものでなければならない。これを法適格性、あるいは法的適格性という。これは次の三つの側面から検証することができる。

### ①　強制の要素

法の規範としての特徴の一つは、強制の要素が強いことである。これを、強要性ともいう。しかも、この強制力は、国家や地方公共団体が持つ公権力から生じる。その最終的な力は、権力によって刑罰を科するという制裁を加えたり、実力によって直接目的を実現したりといった形を採る。つまり、強制によって、社会秩序の維持など、その目的とする状態を実現するものであり、しかも、その実力は何人も反対することができない正統性を持っている。

したがって、法適格性の検証は、その法政策を公権力によって人々に強要することが適当であるかどうか、という観点からすることになる。人々の心や内面の問題や自発性が尊重される分野においては、法によってものごとを強制することは適当ではないし、場合によっては他の手段の方が有効な場合もある。そのような検討の上でなお、法という強制力を持った手段によらざるを得ないと判断される場合に、法適格性を認めることになる。

### ②　民主主義の要素

しかし、制定される法がすべてこのような強制力を持つということはできない。例えば、補助金や助成金も、交付・支給などの優遇策も、法によるのが原則であるが、これは強制力を背景に持つものとはいえず、財政法律主義や国民あるいは議会による行政監視といった要請に基づいて、法という形式を採るものである。また、基本的な行政の方針などを定める法もあり、これも強制という要素はほとんど含まれていないが、方針を法という形式をとって明確にすることに意味がある。

このように、現代国家においては、必ずしも「法＝強制力」という図式が成り立つわけではなく、強制の要素以外の要素や理由からも法適格性が付与されることになる。これは広く、議会という国民の代表機関が定めることが民主主義の論理から要請される、あるいは適当とされる、という判断に基づく法適格性ということができる。

### ③　実効性の要素

法規範は、現実の社会に秩序を与え、その統制をするものであるから、すべての人間にその遵守を強制するものである。このことは、反面、ほとんどの人が守ることができない、あるいは守る気になれないような法を定めても、社会の統合や秩序の維持はできない、ということでもある。したがって、仮にそのような法を制定すれば、かえって法としての権威を失墜し、無秩序の社会となるおそれがある。法は、それが実現可能なものでなければならない、つまり、守ることが可能であり、かつ、守らなければならないという意識（これを遵法意識、あるいはそれを基礎付ける法意識という。）が存在することが必要なのである。それによってはじめて、法はその目的を達成することができる。これを法の実効性という。

＊実効性と遵法意識

仮に、法によって実現しようとするその内容が、現実の社会の状態と余りにかけ離れていたり、ほとんどの人が正しいと認識できないようなものであったりすれば、誰もがその法を軽視し、あるいは守る気にならないようになってしまう。条例・規則の立案に当たっても、その内容が、ほとんどの人に遵守され得るものであるか、遵守を期待することが無理なものではないかについて十分に検討する必要がある。また同時に、法を人が守るためには、その内容が理解できるように表現されていることも要求されることになる。これを端的に表現するならば、事柄の性質にもよるが、一般的には「普通の人（一般平均人）が守ることができる法であること」といえよう。

## ⑶　規範性

ここでいう規範性とは、法政策あるいは法政策が予定する法が、その社会の基本的な規範から受け入れられ、法として認知され、法制度の中に位置付けられることである。それが可能になって初めて、法としての効力を持つことが認められる一つの要件が満たされることになる。換言すれば、法政策がその正統性を持つためには、その社会あるいは国家制度の中において法として受け入れられるものでなければならない、という要件である。

規範性の要素としては、正義・公正の問題、憲法適合性、現在の法制度・法秩序と整合・調和する法的整合性の三つを挙げることができるが、条例・規則については、法的整合性のコロラリーとして、「法令に違反しない」という要件を付け加える必要がある。

### ① 正義・公正

その法政策が正義にかなうものかどうか、あるいは公正なものといえるかどうか、である。もちろん、これは個人的な信念の問題ではなく、社会的な正義と社会的な公正とである。しかし、そうはいってもさまざまな価値観があるから、一義的にどのようなものか決めることはできない。価値観の対立は、政策の対立となって現れるが、これは現代民主主義国家では、国民・住民によって（つまり議会における討論と議決によって、より最終的には選挙によって）一応の解決を図る仕組みとなっている。

なお、正義・公正の概念の不明確さから、これを要件とはせずに、憲法適合性に含めて検討する考え方もある。

### ② 憲法適合性

法令や条例・規則は、憲法を頂点とする法体系の中に組み込まれているから、また、憲法は国の最高法規であり、これに反する一切の法令・行為は無効であるから、その法政策は、憲法の基本的枠組だけでなく、憲法の各条項に違反しないことが必須の条件となる。

法令や条例・規則が憲法に違反しないかどうかの判断は、最終的には最高裁判所に委ねられるが、立法に際しては、（第一次的に）立法機関がしなければならない。

憲法適合性の判断基準については、特に立法における判断基準については、必ずしも明確になっているとはいいがたい。まず挙げられるのが、「公共の福祉」であり、これは憲法にも規定されている概念である（12条、13条）。一般に法令の制定の目的が、究極的には国民の安寧と福祉にあるといえるだろうから、法令が国民の権利を制限し、国民に義務を課するとしても、それが国民の安寧と福祉に資するものであれば、つまり、公共の福祉のためのものであれば、憲法に違反するとはいえない、という趣旨と解することができる。これは「社会と個人との調和」という表現でいい表すことも可能ではあるが、その考え方にはさまざまな可能性があり、これだけでは融通無碍な原則になってしまうおそれがある。

このような「公共の福祉」論を踏まえて、「比較衡量論」が具体的な基準として提唱される。つまり、比較衡量は、すべての人権の限界を決定するための違憲審査基準として考えることができるが、例えば、表現の自由の限界について、表現の自由を制限することによってもたらされる利益と、それを制限しない場合に維持される利益とを比較して、前者の価値が高いと判断される場合に、前者の利益を公共の福祉と呼び、それによって人権を制限することができる、という考え方である。

では、その比較衡量の場合に、どのような諸利益を取り上げ、それをどのように比較するのか、その基準は何か、という次の問題が生じる。この点については、基本的には「二重の基準論」が妥当すると解されている。これは、精神的自由と経済的自由とを区別し、経済的自由については合理性の基準が妥当し、精神的自由についてはより厳格な審査基準が必要であるとする。「合理性の基準」とは、立法の目的が正当で合理的であり、その目的を達成するための手段も合理的な関連性を持っているかどうか、という基準といえる。「厳格な審査基準」とは、立法目的がどうしても必要な利益を持ち、そのために採られる手段がその目的達成のために必要不可欠であるかどうか、という基準であるといえる。この基準としては、必要最小限の規制であるかどうか、規制の規定が明確であるかどうか、規制のための手続的な保障があるかどうか、といった基準、あるいは「より制限的でない他の選び得る手段」がないかどうかの基準、「明白かつ現在の危険」があるかどうかの基準などが説かれている。

実際の判断においては、具体的な問題に即して、立法事実の詳細な検討を踏まえて、以上のような検証・思考作業を経て結論を導くことになるが、いずれにしても慎重な検討が必要である。

### ③　法的整合性

ある法政策は、他の法と無関係に独立して存在するものではなく、法体系の中に組み込まれなければならない。現在の法制度・法秩序と有機的に結合されなければならない。形式的にも実質的にもこれらと整合・調和することが必要である。広い意味では、憲法に適合することも、法的整合性の一つである。

また、法政策の形成だけでなく、その条文化においては、法的整合性を実現するための作業が一層重要となる。他の法令との関係の調整、他の規定との相互関係の調整、形式的には引用条文等の整理など、さまざまな措置を採る必要がある。

### ④　条例・規則の法令適合性

条例・規則については、憲法が「法律の範囲内」で自治立法権を認め、これを受けて地方自治法が「法令に違反しない限りにおいて」これを制定することができる、としている。この「法令」は、国の法律と政省令を意味するが、憲法と地方自治法は同じ趣旨のものと解されている。この法令適合性の要請は、条例制定権の範囲（限界）の問題として論議されてきている。

条例制定権の範囲については、判例は「条例が国の法令に違反するかどうかは、両者の対象事項と規定文言を対比するのみでなく、それぞれの趣旨、目的、内容及び効果を比較し、両者の間に矛盾牴触があるかどうかによって決しなければならない」としている（徳島市公安条例事件、最大判昭50.9.10刑29-8-489）。基本的には、国の法令が（明示的にせよ黙示的にせよ）定めている事項については、明示の委任がない限り、条例を制定できない、とする法律先占論があり、ただこれではあまりにも条例制定権の範囲が狭くなるので、これを緩和する方向の主張が多くなった。判例の考え方もその延長線上にあるといえるが、具体的に法令と条例・規則との関係を、趣旨・目的・内容・効果といった側面から詳細に比較検討することが必要である。

### ⑷　法政策の合理性

法政策の第３の要件は合理性である。これは、立案の基礎にある事実認識の合理性、目的の必要性の合理性、手段の目的適合性と能率性、予測される効果についての合理性、法規範遵守の予測の合理性などが内容となる。端的にいえば、ある目的を達成するためにはどのような手段が最も合理的か、また効率的か、を検証することである。しかし、合理性のあるものならば、法政策の要件すべてをクリアーできるとは限らない。実際の立案においては、合理的な法的手段のうちから、規範性や法適格性の要件にも合致するものを選択することになる。

＊憲法適合性と合理性

憲法適合性の判断基準の一つである合理性の基準と、法政策の合理性の要件とは、一応、別個のものであって、観念的には区別すべきものである。しかし、実際上は、表裏の関係にある。法政策に合理性がある、ということは、立法の基礎を形成し、かつ、その法律の合理性を支える事実が存在すること、さらに、その立法の制定目的の合理性と目的達成のための手段の合理性が存在することを推定させることになる。このことによって、憲法適合性の判断基準としての合理性の基準に適合していることの推定が働くことになる。したがって、制定された法令の合憲性推定の原則が成り立つことになる。

＊法政策・これに基づく規定・憲法適合性判断の例⑴

事業などについて何らかの規制を加える場合、その規制が合理的であるか、憲法に違反しないか、などを検討することは当然であるが、その規制を実効あるものにするための手段を、担当する行政機関に与えることも必要である。法政策としては、その一つの手段として、立入検査権を認めることが考えられ、多くの行政法規に採用されている。

立入検査権は、このように、法令の適正な執行を確保するために、関係する事業場などに立ち入って、関係者に質問したり、関係書類などを検査したりする権限である。これは当然に、私人に義務を課し、あるいはその自由・権利を制限することになり、法律や条例の根拠を必要とする。また、国民・住民の自由・権利を侵害する行為である以上、その制限は、その目的を達成するために必要・最小限のものでなければならない。したがって、立入権限の行使の要件や手続などについても、法律・条例で明確に限定することが要請される。

限定の方法としては、次のようなことが考えられる。①目的については、「この法律・条例の施行に必要な限度において」などの規定があり得るが、できるだけ目的事項を限定することが望ましい。②立入りの時間については、特に規定しない場合もあるが、「営業時間内に限り」などもあり得る。③立ち入る場所については、「事務所、事業所又は倉庫」など限定的に列挙することが望ましい。④検査対象については、「業務の状況又は貨物、帳簿、書類その他の物件」などできるだけ具体的な例示が望ましい。その他、具体的な規制に即して、要件を定める必要がある。

手続としては、立入検査を行う者が正当な権限を有することを証する必要があるから、通例は、その職員の証明書を携帯し、提示すべきことを定める。

このような規定については、憲法上、法定手続の保障（31条）、住居の不可侵（35条）、さらには逮捕要件（33条）などの観点から議論されてきているが、現在は、行政監督など行政上の必要のために行う立入検査は、刑事手続におけるものではないから、これらの憲法の規定は適用されない、という結論となっている。しかし、特に、住居侵入・捜索等について令状主義を規定した憲法第35条との関連を考慮し、立入検査権は、「犯罪捜査のために認められたものと解してはならない」とする解釈規定を置くのが一般的である。

なお、立入検査権の実効性を担保するため、違反に対する罰則や行政処分の規定を設けることもある（P131以下を参照）。

このように、立入検査権を設けて行政監督の実効性を確保するという法政策とこれに基づく規定の構成、そのそれぞれについて憲法適合性を検討して、要綱化し、さらに条文化へと作業を進めることになる。この過程でいろいろな関係する学説、判例などを研究することは当然である。

＊法政策・これに基づく規定・憲法適合性判断の例(2)

ある規定を新たに定める場合に、その法的効果を既往に遡って生じさせる要請があることがある。これを遡及適用というが、まず、刑罰については憲法で厳として禁じられている（39条）。この趣旨を踏まえれば、国民・住民に義務を課し、又は自由・権利を制限する法令の規定についても、遡及適用するのは避けるべきだ、ということになる。したがって、原則として、そのような規定を設けることはできないと解されている。しかし、その適用対象の性質・性格、これを取り巻く社会状況などに鑑み、合理的と判断できれば、必ずしも遡及適用あるいはそれと同じ結果となる措置をとることが絶対的に禁じられているとまではいえない。他方、国民・住民の利益となるようなことであれば、かつ、それが合理的であれば、遡及適用は可能である、と解されている。

このような判断は、事柄の性質によるが、憲法適合性だけでなく、法令の施行に伴う法的安定性への考慮、既存の利益（あるいは既得権）への配慮といった要素にもよることになる。

## ③ 法政策要綱の作成

### (1) 法政策要綱

法政策を形成・構成する作業の過程や、その作業の結果として、法政策要綱が作成される。法政策の内容の柱、主要な項目をまとめたものである。内容は、目的と手段の主要な項目が中心であるが、法政策要綱作成の最大の目的は、法政策の基本的な考え方、基本的な構成を明確にすることにある。この考え方が明確に把握され、合理的なものとして構築されれば、この上に構成される法令案も、その内容と構成が堅固で論理的に整合したものとなる。

### ⑵　骨子・大綱

法政策要綱は、作業段階の面からは、法令案骨子、あるいは法令案大綱などと呼ばれることが多い。これは法政策の主要な項目、中心となる骨格などを文章化し、それも箇条書などの形にまとめることが一般であることに由来する。しかし、必ずしも数箇条にまとめる必要はないし、簡単な箇条書にしなければならないわけではない。基本的な考え方や構成を簡潔かつ明確に表現するものであればよい。なお、この場合、キーワードとなる基本的な用語はできる限りこの段階で確定しておくことが望ましい。

＊要綱の種類

要綱とは、重要な事項、主要な事項をまとめたものであるが、法制執務ではいろいろな意味を持っているし、また、さまざまな段階のものがある。実務上は、種類や段階などによって明確に区分されている、とはいえない。法令の立案においては、理念的に、法政策要綱と法令案要綱とに分けて考えることができるが、作業上は連続的であるし、作業段階ごとに要綱は作成され、そのうちのどこまでが法政策要綱で、どこからが法令案要綱かを区分することはできない。

なお、法令案が完成した後に、その内容を順序立てて説明するための資料として作成される要綱もある。法律案の審議資料として作成する法律案要綱などであり、スタイルは、官報に掲載される「法令のあらまし」に使われているものが一般的である。これは法令案作成過程の要綱とは別個のものと考えた方がよい。

このほか、行政指導の主要な方針や項目をまとめたものも要綱といわれ、これに基づく行政執行は要綱行政などといわれている。もちろん、要綱によって、国民・住民に義務や負担を課したり、その権利を制限したりすることはできない。

＊条例と予算

法政策の形成過程において、各部局・機関や、業界、住民など関係者との利害調整が必要となることが普通である。この過程は、特にモデル化できるようなものではないし、それぞれの具体的事情によって異なるのは当然である。

条例・規則の立案においても、事情は同じであるが、地方自治法に関連規定があるので注意を要する（222条）。地方公共団体の長は、条例が新たに予算を伴うこととなるものであるときは、必要な予算上の措置が適確に講ぜられる見込みが得られるまでは、この条例案を議会に提出することができない。また、長などの執行機関は、規則その他の規程の制定・改正が新たに予算を伴うこととなるものであるときは、必要な予算上の措置が適確に講ぜられることとなるまでは、制定・改正することができない。

# 2 条文化とそのルール

## ① 法令案要綱の作成

### ⑴ 法令案要綱

法政策が構成されると、これから法令案要綱を作成し、これに基づいて条文化して、法令案の形式にまとめることになる。法令案要綱は、法政策要綱で表現された内容を具体的な法令の形にするために必要な事項とその主要な内容を記載するものである。どのような事項を、どのような規定として盛り込むか、その規定にはどのような表現や技術を採用するか、各規定の相互の論理関係をどのように整理するか、主要な規定に関連してどのような規定が必要になるか、付随的な事項はどのような内容にするか、他法令との調整をどのようにするか、こういった事項を検討し、内容を確定し、規範となる具体的な文章を確定する。

### ⑵ 法令案要綱の具体的内容

法令案要綱は、条文化の前段階であるから、具体的にどのような規定にするか、その方針を定めなければならない。語句や表現も、基本的な部分は確定しておかなければならない。しかし、法令案要綱にどこまで書かなければならないか、どこまで具体的な規定内容としなければならないか、その基準があるわけではない。最終段階の法令案要綱では、細かい表現や付随的な細部にわたる規定以外は確定している、という形になるのが普通だろう。

＊要綱の形式

要綱には、一定の決まった形式があるわけではない。その意味では、形式は自由である。要するに、主要な事項が、正確・簡潔・明快・明確に、文章によって表現され、全体の構成が見て取れるものであればよい。このような要請から、見出しや項目名を付けたり、箇条書にしたりするスタイルが適切だと考えられる場合が多い。

一般的には、内容を分けてその論理段階を明確にするために、第１、１、⑴、①などの記号を使って箇条書にしている。また、表現としては、「……ものとする」「……ものとすること」あるいは単に「……とする」というような述語を使うことが多い。しかし、こうでなければならないわけではない。また、題名は、「……骨子」「大綱」「要綱」などが使われるし、草案段階であることを明示するために「骨子案」「大綱案」「要綱案」などとすることも多い。法令案の要綱では、「……法律案要綱」のようにするのが一般的だろう。

## ② 条文化とルール

### ⑴ 条文化のルール

法令案要綱が作成されると、これに基づいて条文化を進め、法令案を完成させることになる。どのように条文化するかは、その法令案によって異なるし、それぞれの事情や状況によることも多いが、基本的には、ある一定のルールに従って行われなければならない。しかし、このルールは法定されているわけではない（例えば、「法令の書き方に関する法律」「条例の書き方に関する法律（条例）」という法律や条例は存在しない）。成文法の国では、長い時間をかけてそのようなルールがそれぞれ積み重ねられ、形成されてきた。これはその国の一つの文化ということができるだろう。

成文法は、個々の規定の集合である。その集合は、個々の規定がある論理的な順序を持って整理されて構成されているが、その順序と整理の方法・形式は、一定のルールに従っている。また、個々の規定も、語句を単位とした文によって表現されているが、その文の構成の仕方と語句である用語の使い方も、一定のルールに従っている。このようなルールが、条文化のルールである。

### ⑵　条文化ルールと法体系

そのルールは、論理必然的にこうでなければならない、というほどの絶対性を持っているわけではないが、全体として、合理的な思考方法による論理的な構成をとるようになっている。したがって、合理的なそれなりの理由がない限り、形成されてきた考え方・慣行・慣例、つまりルールに従わなければならない、と考えられている。このことは、法令・条例・規則をすべて含んで国全体の法体系が構成されていることに鑑みれば、国・地方公共団体を通じて妥当するといえるだろう。

## ③ 規定の表現と用語

### ⑴　規定とその表現

#### ①　規定とは

法令は規定の集合である。規定とは、何らかの事項・事物を、あるいは何らかの事項・事物について、定めている、個々のその定めをいう。条や項も規定であるし、号あるいはこれより細目の定めも規定である。また、条を集めた章や節も同様である。しかし、定めていることが必要なので、例えば、見出しなど説明的な部分は「規定」とはいいがたい。

#### ②　規定の表現

法令は、基本的には、個々の規定の内容を固め、これを文章で表現することによって起案される。規定を書く際には、次のような要請を考慮しなければならない。

1）　一般的・抽象的であること

規定は、ある程度、一般的かつ抽象的な定めである。個々具体的な事項・事物について定めるものではない。ただし、国によっては具体的な処分に近い事柄を定めるものもある。

これは、同じようなものは同じように扱うこと、それによって一般の人が行為予測をすることができること（こうすればこのような効果が生じると考えて行動すること）、規定が時間の経過にも耐えられるようにすること（成文法の数が多くなって煩瑣となる事態や朝令暮改を防ぐこと）といった実際的な要請に沿うものである。

一般的・抽象的であるということは、その定めの想定する事態・事柄・事物にはさまざまな具体的なモノ・コトが入ってくることを意味する。したがって、規定の起案に際しては、どこまでの範囲のモノ・コトが含まれ、どこからは対象にならないか、を明確にするとともに、それが過不足なく表現されるようにしなければならない。

２） 趣旨・目的・内容を明確にすること

規定を書く場合には、何を、どのような目的で規定するのか、どのような意味を付与するのか、を明確にすることが先決問題である。これらを明確にすることによって、どのような表現を与えるかが明らかになってくる。趣旨・目的・内容の明確化の追究が不十分であった規定は、読んでも分かりにくく、疑義が生じやすくなる。これは、更には、立法の不備にもつながる問題となる。

### ⑵ 表現の正確性と平明性

それぞれの規定において規範内容をどのように表現するかについては、その内容に即して決められることになるが、基本的に、成文法が書かれた文字と文章によって認識され、解釈され、適用されるものである以上、誰もがその規定を正確かつ明快に、認識かつ理解することのできるものであることが必要である。したがって、規定（法文）の立案に当たっては、その正確性と平明性（分かりやすさ）に配慮しなければならないとされている。

正確性は、意味が明確にとらえられる、解釈上まちがいの生じないようにするという側面と、法政策の意図や趣旨が正確に表現されるようにするという側面と、二つが考えられる。意味がはっきり把握できるためには、主語・述語・目的語の関係が明確であること、形容詞など修飾関係が明確であること、用語の意味と使い方が明確であること、などが必要である。法政策の趣旨、換言すれば立法者の意図や趣旨を正確に反映させるためには、同じように、幾通りにも解釈が可能とはならないように用語や文章の構成を考える必要がある。しかし、言葉による表現力には限界があり、したがって正確性にも限界がある。正確を期するあまり、長く、くどく、回りまわったような表現になって、かえって分かりにくくなることは避けなければならない。ある程度、解釈に委ねなければならない点は残らざるを得ない。

平明性は、正確性と相矛盾する場合がある。また、簡潔な表現を採ろうとすると、正確性に欠けたり、分かりにくいものになったりする。現在は、口語体で表現し、かつ、定義規定や解釈規定を利用したりして分かりやすさを追求するようになっているが、それでも限界はある。いわゆる法令用語にあっても、改良の試みはされているが、正確で統一的な表現のためには避けることはできない。

いずれにしても、正確性と平明性とは、法文を書く上で、常に意識しなければならない。

### ⑶　規定の基本的内容

#### ①　規定の内容

成文法は、基本的には、一定の事態・事柄・事物に対して、一定の法的な効果を与えることを内容とする。効果を与えられる対象は、一定の条件に該当することを要するのが普通である。このことは、（法的）要件と（法的）効果といい換えることができる。法的効果は、基本的には次のように大別することができよう。

1）　権利・利益を与える（組織であれば、権限を付与する）

2）　義務を課する（作為義務、組織であれば任務）

3）　禁止する（不作為義務を課する、ともいうことができる）・制限する

成文法は、これらの規定を中心として構成されるが、これらに関連して、その目的・趣旨を明らかにする規定、概念や条件を明確にする規定、法的効果を与えるための取扱いの方針や手続を定める規定、これらを強制するための担保（罰則、即時強制など）を定める規定、これらを実施するための公的な組織に関する規定などが付加される。

#### ②　表現

1）　ある人に権利・利益を与える場合には、一般に「誰が、何を、することができる」「誰が、何の、権利を有する」と表現される。禁止されていることを解除するなど許容の場合にも、同様の表現を採ることがある。

2） 作為義務を課する場合には、「誰が、何を、しなければならない」と表現される。努力義務の場合には「努めなければならない」となる。法的責任を課する場合には「…の責めに任ずる」とする。
3） 禁止は、「誰が、何を、してはならない」と表現される。不作為義務を課する場合にも同様の表現となる。制限もこれに準ずる。

### ⑷ 規定の基本構造

#### ① 基本構造

規定の内容が、ある主体の、ある行為に対して、法的効果を与えるということである以上、規定の構造は、原則として、主体を主語とし、法的効果を述語とする記述様式となる。前述したように、これらの基本構造は次のようになる。

| | | 〔主語〕 | 〔対象・目的〕 | 〔述語〕 |
|---|---|---|---|---|
| 権利・権限 | → | 誰が、 | 何を、 | することができる |
| 作為義務 | → | 誰が、 | 何を、 | しなければならない |
| 禁止・制限 | → | 誰が、 | 何を、 | してはならない |

これらのほか、「…（と）する」「…ものとする」「…でなければならない」「…であってはならない」「…による」などの述語も使われる。

#### ② 規範の名宛人

これらの主語は、その規定が誰を対象にしているかを明らかにするものであるから、権利や義務の主体である。これを規範の名宛人ということがある。規範の名宛人が明確でないと、当然、権利・義務・責任の主体も不明確になり、その規定は実効性を持つことができなくなる。

しかし、必ずしも規範の名宛人が主語として明示されるとは限らない。意味の上からこれが明確である場合には、主語が省略され得る。例えば、名宛人が国や地方公共団体であって、これが意味上明らかである場合である。また、ある規定を前提とし、この規定を受けた規範において、主語が省略されることがある。後段で「この場合において」で前段を受ける場合、項を改めて「前項の場合において」などで前項を受ける場合などがその例である。なお、形式上の主語が必ずしも規範の名宛人であるとは限らず、本来の名宛人である意味上の主語は省略されることもある。

#### ③　二つの文の関係

一つの条項に文が二つある場合、前の文を前提にして後ろの文がその内容を受けているときは前段・後段となり、前の文を原則として後ろの文が例外を定めるときは本文・ただし書となる。

前段・後段の場合には、前段は通常の規定と変わらないが、後段が「この場合において（は)、……」「……（についても)、（また）同様とする」などの構造を採るのが一般的である。前者は、前段に規定する事態、ケースなどにおける付加的な取扱いを主な内容とする。後者は、前段と同じような扱いをするものについて定める。定型的な規定としては、前段においてある規定を準用することを定め、その場合の読替規定を「この場合において、……」として後段に置く例がある。

本文・ただし書の場合には、本文に規定する要件のいずれかについて、「ただし、……」として例外を定めるのが原則である。結びは「…この限りでない」が多いが、これに限られない。ただし書は、規範のうちどの部分・要件についての例外であるかを明確にすることが必要である。

#### ④　各号列記の場合

各号列記は、規定中の何らかの要件について、その内容を箇条書にするものであるから、その文の構造の中に組み込まれるような構成を採ることが必要である。後段やただし書の中の各号も、当然、ある。各号間の実質的な意味関係は、「及び」「又は」「…にあっては」などが多い。

各号が用いられるのは、定義を列挙する場合、計画などに定めるべき事項を列挙する場合、要件を列挙する場合、算式の項目内容を定める場合、事項に応じた取扱いを対応させて一覧させる場合などさまざまである。

### ⑸　用語の統一性と相対性

条文化のルールによって、各法令は統一的に成文化されるが、個々の用語や表現は必ずしも統一的でなければならないわけではない。もちろん、一つの法令の中では、同じ用語は同じ意味を持たなければならない。その法令としての統一性が崩れるからである。さらに、ある用語が、法令の全体系の中で、ほぼ同じ意味内容を持って使われることも多い。民法や刑法などの基本的な法令において使用される概念は、法律学的な意味においても基本的な概念であり、これは他の法令においても同じ意味内容を持つものとして使わなければ、法体系の統一性が崩れるからである。このように、用語は、その意味や性質によって、相対的に使われる場合もあるし、法令全体において統一的に使われる場合もある。ある言葉・用語を法令中でどのような意味を持たせて使うかは、その法令によって異なる、という事態は是認しなければならない。しかし、他方、その意味は明確でなければならない。このような用語や表現のルールは、法令における概念の統一性と相対性ということができる。

＊用語の相対・統一の例

例えば、「少年」という用語は、一般的、日常的に使われるが、その意味するところはさまざまである。年齢による区分の一つであるが、8歳位から15歳位までというイメージもあるだろうし、小学生から高校生までを指すと考える人もいる。また、男子だけを指すという場合もある。こういった多義的な用語を法文において法的効果を与える対象として用いる場合には、定義規定を置いて明確にする必要がある。しかも、その範囲はその法令の意図や趣旨に従って異ならせることになる。少年法にいう「少年」は、「20歳に満たない者」（2条1項）であり、暴力団員による不当な行為の防止等に関する法律では同じ「20歳未満の者」（16条1項）であるし、児童福祉法では「小学校就学の始期から、満18歳に達するまでの者」（4条1項3号）である。

他方、「所有権」という言葉は、一般的にも使われるが、法律上は概念が明確なものとして扱われており、民法（206条以下参照）をはじめ、さまざまな法令において基本的には同じ意味で使われている。もちろん、その内容をそれぞれの法令で制限しているため、対象によって所有権の内容は異なることになるが、その概念は同じである。

また、いわゆる法令用語としては、もっとも一般的な「及び」「並びに」「又は」「若しくは」や、「準用」「例による」「この限りでない」などがあるが、これらの意味と使い方は法令中で全て同様であり、統一されている。

なお、特許、免許、許可、認可、登録といった概念は、法学上は一応定まっているが、実際の法令で使う場合にはさまざまな概念・内容となっており、非常に多義的である。学問上は統一的、実体法上は相対的な概念として使われている。

### ⑹　規定と規定との関係

#### ①　条・項の区分

規定は基本的に文で表現されるが、文としての構成を持つ規定は、原則として条あるいは項である。本則において、ある事項を条として表現するか項として構成するかの基準は、意味のまとまりで判断することになるが、これは相対的にならざるを得ない。意味のまとまりの単位は、その法令の内容によっても、意味の捉え方によっても、異なるからである。基本的には、密接に関連する事項は一つの条にまとめ、その各事項ごとに項に分けて規定することになる。しかし、その項の内容がまたいくつかの事項に分割される場合には、条としてまとめる必要が出てくるだろう。

また、項を前段・後段に分けようとする場合、どちらかをさらに複数の文に分けざるを得なければ、元の前段・後段をそれぞれ項として構成することが必要になるだろう。

#### ②　規定と規定との関係

このように、規定と規定との関係は、内容や意味によって関連付けられる。特に、項と項との関係は、条という意味の単位にまとめられているから、その関連は密接であり、かつ、明確であることが多い。条と条との関係も、同じように内容や意味によって関連付けられており、通常は問題が生じないし、問題が生じるとしても解釈によって解決できるようになる。少なくとも、起案する際にそのような構成をしているはずである。

しかし、規定と規定との関係を条文の上で明確にしておく場合も多い。ある規定の存在を前提とした表現を規定する、ある規定が想定している場合を受ける、原則と特例との関係を明示する、ある規定の適用を除外する、ある規定を変更して適用する、解釈指針を規定する、などである。

### ⑺　用字・用語に関する準則

どのような文字を使うかについても、ルールがある。もちろん、日本の法令であるから、表記は漢字と仮名によることになる。漢字は常用漢字が原則であるが、常用漢字以外の漢字も使う場合がある。仮名は、ひらがなが主体であり、カタカナも必要に応じて使う。数字は、縦書きであれば漢数字を、横書きであれば算用数字を使うのが原則であるが、例外もいくつかある。このほか、記号を使うこともある。

用語については全般的に通用する準則はないといってよい。前述したように、必要に応じて使うことになる。外来語も使われるが、その意味内容が明確である必要があるのは当然である。狭義の法令用語については、慣例・慣用によって一定のルールが形成されているが、これは別項で取り上げる。

現在使われている用字や表記に関する準則には次のようなものがある。

・常用漢字表（平成22年11月30日内閣告示第２号）
・現代仮名遣い（昭和61年７月１日内閣告示第１号）
・送り仮名の付け方（昭和48年６月18日内閣告示第２号）
・公用文における漢字使用等について（平成22年11月30日内閣訓令第１号）
・法令における漢字使用等について（平成22年11月30日内閣法制局総総第208号）
・法令における拗《よう》音及び促音に用いる「や・ゆ・よ・つ」の表記について（昭和63年７月20日内閣法制局総発第125号）
・外来語の表記（平成３年６月28日内閣告示第２号）

なお、公用文一般については、「公用文作成の要領（昭和27年４月４日内閣閣甲第16号）」があったが、これは廃止されて「公用文作成の考え方」（令和４年１月７日文化審議会建議）が使われることとなった（「公用文作成の考え方」の周知について・令和４年１月11日内閣文第1号）。ただし、この

「考え方」は、法令は直接の対象とはしないとしている。

第4章

# 条例・規則の制定・施行

# I 条例・規則の制定手続

## ① 制定手続

### ⑴ 条例

条例の制定権は議会にある。したがって、条例の制定手続は、条例案を議会に提出し、議会はこれを審議し、議決して成立させる。成立した条例は、地方公共団体の長によって公布される。公布された条例は、一定の期日に施行されて効力を生じる。

### ⑵ 規則

規則は、地方公共団体の長が制定する。したがって、制定手続としては、規則案を規則として長が決定し、これを公布する。審議手続は不要である。公布された規則は、一定の期日に施行されて効力を生じる。

### ⑶ 委員会規則・規程

長の制定する規則以外の規則その他の規程で公表を要するものは、当該執行機関が決定し、これを公布する。

## ② 議会への条例案提出

### ⑴ 条例案の提出権

条例案を議会に提出する権限は、議員と長に認められている（地方自治法112条、149条１号、以下法律名省略）。

提出できる条例案の内容・種類に制限はなく、議員も長も、原則としてどのような条例案でも提出できる。ただし、それぞれに専管事項が定められていて、その定めがある場合には、その事項についての条例案に限り、議員あるいは長のみが提出できると解されている。

### ⑵　条例案提出と専属事項

議員に条例案提出権が専属するのは、議会の組織及び運営に関する事項についてであり、具体的には、常任委員会、議会運営委員会及び特別委員会の設置に関する事項（109条１、９項）、（市町村）議会事務局の設置に関する事項（138条２項）、議会事務局職員の定数に関する事項（138条６項）などである。

これに対して、長に条例案提出権が専属する事項は、支庁・地方事務所・支所・出張所の設置に関する事項（155条１、２項）、その他の行政機関の設置に関する事項（156条１、２項）、内部組織の設置及びその分掌する事務に関する事項（158条１項）などである。

### ⑶　条例案提出の手続

議員が条例案を提出するには、議員定数の12分の１以上の者の賛成が必要である（112条２項）。また、当然のことであるが、文書をもって行わなければならない（112条３項）。

長の条例案提出については、規定はないが、文書によることは当然である。制限としては、提出に係る条例案が新たに予算を伴うこととなるものであるときは、必要な予算上の措置が適確に講ぜられる見込が得られるまでは、議会に提出できない（222条１項）。また、住民による条例の制定・改廃の直接請求（74条１項）に基づく条例案提出は、長が、その請求を受理した日から20日以内に議会を招集し、意見を付けてこれを議会に付議する。長は、その結果を直接請求の代表者に通知するとともに、これを公表しなければならない（74条３項）。

## ③ 議会における議決

### (1) 審議手続

提出された条例案は、議会で審議され、最終的に議決されて成立する（96条１項１号参照）。

会議（本会議）を開くには、議員定数の半数以上の出席が必要である（定足数、113条）。議事は、原則として、出席議員の過半数で決し、可否同数のときは議長が決する（116条１項）。ただし、例外として、出席議員の３分の２以上の多数を要する場合（特別多数議決）がある。地方公共団体の事務所の設置又は変更に関する条例案（４条３項）と、長が異議があるとして再議に付した条例案（176条３項）の場合である。なお、議員は、条例案に対して修正の動議を提出することができるが、これは議員定数の12分の１以上の者の発議によらなければならない（115条の３）。

### (2) 長の専決処分

議会の議決の例外として、長による専決処分がある。議会が成立しないときなど、緊急の場合に認められる専決処分（179条１項）と、議会の委任による専決処分（180条１項）とがあり、専決処分をした場合は、長は、次の議会で報告し、前者の場合はさらに承認を求めなければならない（179条３項、180条２項）。条例案については前者の適用の可否が問題になるが、一般的には、条例案は専決処分になじまないといえよう。

### (3) 議決後の手続

議長は、条例案の議決があったときは、その日から３日以内にこれを長に送付しなければならない（16条１項）。

## ④ 公布その他の長の措置

### (1) 長の再議

議決された条例の送付を受けた長には再議権が認められている。即ち、①

その議決について異議があるときは、その送付を受けた日から10日以内に、理由を示して再議に付することができる（176条１項）。②その議決が議会の権限を超え、又は違法であると認めるときは、理由を示して再議に付さなければならない（176条４項）。③収入又は支出に関し執行することができないものがあると認めるときは、理由を示して再議に付さなければならない（177条１項）。

### ⑵　公布

このような再議の措置を講ずる必要がないと認めるときは、長は、条例の送付を受けた日から20日以内にこれを公布しなければならない（16条２項）。

公布の方法等は条例で定めることとされている（いわゆる公告式条例、16条４項）。

### ⑶　報告等

市町村の名称変更の条例については、直ちに、名称等を市町村長から都道府県知事に報告し、都道府県知事はこれを総務大臣に通知する（３条５、６項）。なお、条例の制定改廃について知事や総務大臣への報告、届出の義務が課されていたが、この制度は平成23年に廃止された。

# 2 公布・施行・適用

## ① 公布

### ⑴ 公布の意義

制定された法令は公布されなければならない。主権者である国民に対して知らされなければならない。法令を一般に知り得る状態に置くこと（つまり、国民や住民が知ろうとすれば知ることができる状態にあること）を、公布という。法令は公布の後に施行される。国民が知らされない法令によって規制を受けることは、封建国家ならいざ知らず、現代の民主主義国家ではあってはならないことである。憲法は公布を予定しているが、法令を公布しなければならないとする法令は現在のところ存在しない。判例は、法令の公布は法令施行の前提要件であるとしている（最大判昭32.12.28刑11-14-3461）。

### ⑵ 公布の方法

国の法令の公布の方法は、戦前は公式令によって定められていたが、公式令は廃止されたままで、これに代わる法令は存在しない。しかし、判例は、公式令廃止後も、それまで行われていた官報による公布が継続されていることを踏まえ、通常は官報をもってされると解するのが相当であるとしている（前掲判決）。現在もこのような慣習法が成立していると解されて、そのような扱いとなっている。

### ⑶ 条例・規則の公布

条例・規則についても、基本的な考え方は同じであるが、地方自治法により、その公布は長に対して義務付けられており、その方式は、いわゆる公告式条例を定めてこれによることとされている（16条２、４、５項）。

### ⑷ 公布の要件

公布は、何を公布するか（及びその公布する意思）、その公布権を有する者は誰であって、その公布権者がいつ公布したか、を明らかにして行うことが必要である。これを明らかにした文を公布文という。一般に、公告式条例によれば、公布には、公布する旨の文、年月日、地方公共団体の長の署名が必要とされる。また、公布の方式は、その地方公共団体の公報に登載するか、あるいは、特定の掲示場と公衆の見やすい場所に掲示するか、いずれかの方法や、その両方を定めているようであるが、公布の意義からすれば、原則は公報登載の方が望ましいだろう。ただし、教育委員会規則のように、公布に関しては教育委員会規則で定めるとされているものもある（地方教育行政の組織及び運営に関する法律15条２項）。

＊公布と法令番号

国の法令の公布においては、その法令が公布された年月日と、その法令の種類ごとに暦年における公布順に番号が付される。通常、法令の題名とこの法令番号（元号による年と法令の種類と公布の番号）によって、法令を特定することとされている。たとえ同じ題名の法令が存在しても、法令番号の違いによって区分できるからである。したがって、ある法令において、他の法令を引用する場合には、この法令番号までを含めなければならない。ただし、これは初出の部分に限られ、以降において引用しても、紛らわしいなど特別の事情がない限り、題名だけの引用で足りる。例えば、地方自治法の正式名称は「地方自治法（昭和22年法律第67号）」であり、他の法令で引用する場合には、これによることになる（より厳密には、数字は漢数字による）。

条例・規則も同様であるが、地方公共団体名を付することが必要である。例えば、「○○に関する条例（令和×年△△市条例第××号）」「○○に関する規則（令和×年△△市規則第××号）」のように。

＊地方自治法第16条第４項、第５項の規定に基づく公告式条例のヒナ型

○○市公告式条例

平成○年○月○日

○○市条例第○号

（趣旨）

第１条　地方自治法（昭和22年法律第67号）第16条の規定に基づく公告式は、この条例の定めるところによる。

（条例の公布）

第２条　条例を公布しようとするときは、市長は、これに公布する旨の文及び公布の年月日を付し、かつ、その末尾に署名しなければならない。

２　条例の公布は、○○市公報に登載して行う。ただし、急施を要する場合は、市役所前の掲示場に掲示してこれに代えることができる。

（規則の公布）

第３条　前条の規定は、規則の公布について準用する。

（規程の公表）

第４条　規則を除くほか、市長の定める規程を公布し、又は公表しようとするときは、市長は、これにその旨の文、その年月日及び市長名を記入し、かつ、市長印を押さなければならない。

２　第２条第２項の規定は、前項の規程の公布又は公表について準用する。

（市の機関の定める規則及び規程の公表）

第５条　第２条の規定は、議会の定める会議規則及び傍聴規則、選挙管理委員会その他の市の機関の定める規則で公表を要するものの公布又は公表について準用する。この場合において、「市長」とあるのは「当該機関又は当該機関を代表する者」と読み替えるものとする。

２　前条の規定は、市の機関の定める規程で公表を要するものの公

布又は公表について準用する。この場合において、同条第１項中「市長」とあるのは「当該機関又は当該機関を代表する者」と、「市長名」とあるのは「当該機関の名称又は当該機関を代表する者の名」と、「市長印」とあるのは「当該機関又は当該機関を代表する者の印」と読み替えるものとする。

（規則等の施行）

第６条　規則又は市の機関の定める規則若しくは規程は、当該規則又は規程に特別の定めがあるものを除くほか、公布又は公表の日から起算して10日を経過した日から施行する。

附　則

1　この条例は、平成○年○月○日から施行する。

2　この条例は、この条例の施行の日以後に制定される条例及び規則並びに市の機関の定める規則及びその他の規程で公表を要するもの（以下「条例等」という。）について適用し、同日前に制定された条例等については、なお従前の例による。

（注：このヒナ型は昭和25年７月の行政実例の準則をもとに、書き改めたものである。）

## ② 施行

### ⑴ 施行の意義

法令が実際に強制力を生じ、一般に適用される状態に置かれることを施行という。法令が施行されるためには、前述したように、制定され、公布されなければならない。施行は、公布日以後の一定の日に行われることになるが、通常は、その法令や条例・規則において施行期日を定める。その定めがないときは、法律であれば、法の適用に関する通則法第２条により、公布の日から起算して20日を経過した日から施行される。条例・規則であれば、地方自治法第16条第３項・第５項により、公布の日から起算して10日を経過した日から施行される。

### ⑵ 施行の時点

通常、特定の日から施行する、という場合、これはその日の午前零時から効力を生じ、適用状態になる、ということを意味する。しかし、公布の日から施行する（公布即日施行）、という場合は、公布されたと解される時点から効力を生じ、適用状態になる、という意味になる。したがって、公布時点が問題となり得るので、時点によって権利義務関係が変化し得るような適用対象がある場合には、公布即日施行は避けるべきことになる。もちろん、罰則の規定については当然、避けなければならない。

＊公布の時点

国の法令の場合、その公布の日は、一般的には官報の日付によるが、必ずしもそうなるとは限らない。法令を登載した官報がその発送に着手されていない以上、その官報の日付をもってその法令の公布があったとはいえない（前掲最大判昭32.12.28）からである。判例は、法令の公布の時点を「官報が印刷局より全国の各官報販売所に発送され、これを一般希望者がいずれかの官報販売所または印刷局官報課において、閲覧しまたは購読しようとすれば、それをなし得た最初の時点までにはおそくとも、公布されたものと解すべき」（最大判昭33.10.15刑12-14-3313要旨）としている。

これを条例・規則に援用するならば、まず、公報による公布の場合は、住民が公報を読もうとすれば読むことができる最初の時点ということになる。一般的には、市役所・町村役場の閲覧場所に置かれた時点などとなろう。次に、掲示による公布の場合は、最初に掲示場所に掲示した時点と解することになろう。なお、古い行政実例では「公布の効力は、公報に登載して公布する場合は当該公報発送の日、掲示場に掲示して公布する場合は掲示すべき掲示場全部の掲示を了した日に発生するものと解すべきである」とするものがあるが、前記判例（前掲最大判昭33.10.15）の趣旨からするならば、上記のように解すべきだろう。

## ③ 適用

### (1) 適用の意義

適用とは、法令の規定が、個別・具体の人や事案や事物に対して、現実に発動されて作用する（法的な効果を生ずる）ことをいう。「施行」が、法令の規定を、一般的にその効力が及ぶ状態に置くことをいうのに対し、個別具体的な対象に効力を生じる点で、異なる概念である。条例・規則についても同様である。

### (2) 適用の特別な場合

適用については、二つの問題がある。一つは、一般的に施行された法令について、適用を限定する場合である。例えば、適用地域を限定したり、適用対象を限定したりする場合である。これも一般的に限定する場合と、経過措置として円滑な施行を目的として行う場合とがある。もう一つは、時間的な措置である。施行はするが、適用を一定期間猶予したり延期したりする場合や、逆に施行前の対象にも適用する（遡及適用）場合などである。いずれも、法令の対象とするモノやコトの性質・状況に応じ、合理的なものである必要がある。ただし、憲法により、刑罰法規を遡及させることは禁じられている（39条）。また、一般的にも、法令の効力を遡及させることは妥当ではない。ただし、国民の利益になるような場合は、合理性があれば認められる場合がある。

＊適用限定の例

1）地域限定…地方自治特別法（憲法95条）の例

・広島平和記念都市建設法（昭24法律219）

・長崎国際文化都市建設法（昭24法律220）

・熱海国際観光温泉文化都市建設法（昭25法律233）

・神戸国際港都建設法（昭25法律249）

2）人的限定

公職選挙法附則

2　戸籍法（昭和22年法律第224号）の適用を受けない者の選挙権及び被選挙権は、当分の間、停止する。

3　前項の者は、選挙人名簿又は在外選挙人名簿に登録することができない。

＊時間的な措置の例

1）遡及適用

東日本大震災に伴う相続の承認又は放棄をすべき期間に係る民法の特例に関する法律附則

2　この法律は、この法律の施行の日（以下「施行日」という。）前に民法第921条第2号の規定により単純承認をしたものとみなされた相続人についても適用する。ただし、当該相続人が単純承認をしたものとみなされた後、施行日前に同条第1号に掲げる場合に該当することとなったときは、この限りでない。

2）適用延期

・適用除外

　　　容器包装に係る分別収集及び再商品化の促進等に関する法律附則

（適用除外期間）

第２条　第11条から第13条までの規定は、中小企業基本法第２条に規定する中小企業者その他の政令で定める者に該当する特定事業者については、平成12年３月31日までの間は、適用しない。

（注：第11条から第13条までの規定の施行日＝公布の日（平成７年６月16日）から起算して２年を超えない範囲内において政令で定める日＝平成９年４月１日）

・実質停止

　　　租税特別措置法

（地価税の課税の特例）

第71条　平成10年以後の各年の課税時期……において、……土地等については、〔地価税法〕の規定にかかわらず、当分の間、地価税を課さない。

# 3 条例・規則の効力

## ① 時間的効力

### ⑴ 意義

効力とは、法令が実際に及ぼし得る力であり、これを時間・地域（区域）・人の三つの側面から考えることができる。

法令の時間的効力は、施行によって生じ、廃止又は失効によって終わる。条例も同様である。ただし、制定後・施行前においても効力を生じると解されるものがあり得る。

### ⑵ 効力の終期と限時法

法令の効力の終期は、定めないのが一般的である。不要となっても、廃止されるまでは存続する。もちろん、適用対象が存在しないなどの事情によりその実効性を失うこともあるが、形式的には廃止されるまでは存続する。これに対して、その法令が失効すべき時を規定する場合があり、これを限時法という。限時法は、その失効すべき時が到来することによって当然に効力を失う。また、法令の効力を停止する場合もあるが、これは同じ法形式の法令によって効力を停止することを規定し、その法令を施行することによって行うのが一般的である。

＊限時法の例

過疎地域の持続的発展の支援に関する特別措置法（令和３年法律第19号）は、令和３年４月１日から施行されたが（附則１条）、その附則第３条により、「この法律は、令和13年３月31日限り、その効力を失う。」とされ、同日限り失効することとなる。

なお、例えば、財政運営に必要な財源の確保を図るための公債の発行の特例に関する法律（平成24年法律第101号）は、令和３年度から令和７年度までの各年度における公債の発行の特例に関して定めるものであるが（令和３年法律第13号による改正後の同法）、失効時期を定めているわけではないから、限時法ではない。また、その意味では適用対象が限定されているので、令和７年度を経過してしまえば、その実効性を喪失するとする考えもあり得るが、特例公債に関する財政は決算も含めて単年度で完結しているわけではないので、何時この法律が用済みとなると解されるか、単純には結論は出ない。

＊効力停止の例

陪審法（大正12年法律第50号）は、陪審法ノ停止ニ関スル法律（昭和18年法律第88号）によって、その効力を停止された。

財政構造改革の推進に関する特別措置法（平成９年法律第109号）の一部は、財政構造改革の推進に関する特別措置法の停止に関する法律（平成10年法律第150号）によって、別に法律に定める日までの間、その施行を停止するとされたが、これはその効力を停止されたことになる。

なお、効力を停止する規定は、「○○法（の規定）は、その施行を停止する」とする。施行そのものを停止することとしている。

## ② 地域的効力

### (1) 意義・効力の及ぶ範囲

法令の効力は、一定の領域に及ぶ。国の法令は国の領土内に、地方公共団体の条例・規則はその地方公共団体の区域内に、効力を有する。この場合の領土・区域には、土地に接続する一定範囲の水面（領海）と、その上の空間（領空）とを含む。領海は、海岸から12海里までの海域である（領海及び接続水域に関する法律）。

### ⑵ 属地主義

一定の区域に効力が及ぶということは、その区域内にあるすべての人・モノに適用されるということである。住民に限らず、一時的にその区域内にある人に対しても、効力が及ぶ。国籍の如何、住所なども関係ない。これを属地主義ともいう。

条例・規則が、例外的に地方公共団体の区域外にも効力を及ぼす例としては、区域外に設置した公の施設がある。

＊施行地域に関する規定の例

相続税法附則

1　この法律は、昭和25年4月1日から施行する。但し、第45条第7項の規定は、同年7月1日から施行する。

2　この法律は、本州、北海道、四国、九州及びその附属の島（政令で定める地域を除く。）に、施行する。

## ③ 人的効力

属地主義の例外として、地方公共団体の区域内にあっても属人的に効力が及ばなかったり、区域外の人に対して効力が及んだりする場合がある。例えば、外交特権によって在住国の法令の適用を受けない外交官やその家族がある。したがって、これらの人に対しては、原則として条例・規則の効力も及ばない。反対に、ある地方公共団体の公務員については、その者がその区域外にいたとしても、身分関係の法的効力は及んでいることになる。このような効力関係を属人主義ともいう。

なお、刑法は、日本国内において罪を犯したすべての者に適用する（同法1条、国内犯）として属地主義を定めているが、多くの犯罪について、日本国外において犯したすべての者（保護主義）、日本国外において犯した日本国民（属人主義）、日本国外において日本国民に対して犯した日本国民以外の者（保護主義）にも適用するなどして（同法2条～4条の2、国外犯）、その例外を定めている。

# 第5章

# 条例・規則の構造と分類

# Ⅰ 条例・規則の構造と書式

## ① 基本構造

### ⑴ 規定とその集合

成文法は、一つ一つの規範を文章で表現した「規定」を、一定の論理に従って集め、一定の基準に従って順序立てて並べたものである。一つあるいはいくつかの規定を一定の目的の下にまとめた集合が、一つの成文法ということになる。しかし、これだけでは不便なので、一つの集合に一つの名称を与え、本体的な規定と付随的な規定とを分けるようになった。そこで成文法は、一般的に、①その成文法の名称である題名、②その成文法の本体的な規定を集めた部分である本則、③付随的な規定を集めた部分である附則、という基本的な構造を持つこととなった。

### ⑵ 基本構造の構成

日本の成文法の構造は、長い歴史と慣習の積み重ねにより、現在のような形になってきた。条例・規則も、国の法令に準じて、同じような構造を採るようになってきている。以下、条例・規則を例にしてこれを見ていく。

基本構造はおおむね次のような構成をとる。

① 条例・規則に題名を付ける。

② 条例・規則は、本則と附則とに分け、本則には本体的規定を、附則にはこれに付随する規定を置く。

③ 本則、附則とも、いくつかの項目になるときは、原則として、条として分け、序数による条名を付ける。

④ 条には、原則として、その内容を簡潔に表す見出しを付ける。

⑤ 条は、規定する内容が複数の項目になるときは、それぞれを項として分

け、第２項以下には項番号を付ける。

⑥　本則の規定は、通常、原則として、総則的規定、実体的・手続的規定、雑則的規定、罰則規定の順序に並べる。

⑦　本則部分の条数が多い場合は、適宜、章、節等に区分し、まとめる。

⑧　章、節等の区分を設けた場合には、本則の前に目次を付する。

⑨　附則には、通常、施行期日に関する規定、既存の条例・規則の廃止に関する規定、条例・規則の施行に伴う経過的規定、他の条例・規則の改正に関する規定などを、これらの順序により並べる。

⑩　いずれも、配字、書式など、一定の形式による。

## ② 基本的な構造の書式

基本的な構造は一定の形式・書式によって成文化し、表記する。その構成順序は次のとおり。

公布文
法令番号（公布順による番号）
題名
目次
本則（章、節等）
　条文（規定）
附則

次にそのヒナ形を、新規制定条例を例にして掲げる。

| | |
|---|---|
| ×○○○○○○○○○○条例をここに公布する。 | 公布文 |
| ××令和○年○月○日 | （公布年月日） |
| ○○市長×○○○○× | （公布権者） |
| ○○市条例第○号 | 条例番号 |
| ×××○○○○○○○○○○条例 | 題名 |
| 目次 | 目次 |
| ×第１章×○○ | |
| ××第１節×○○（第１条―第３条） | |
| ××第２節×○○（第４条・第５条） | |
| ×第２章×○○（第６条―第９条） | |
| 〔略〕 | |
| ×附則 | |
| ×××第１章×○○ | 本則　　章名 |
| ××××第１節×○○ | 節名 |
| ×（○○） | 見出し |
| 第１条×○○○○○○○○○○○○○○○○○○○○○ | 条名 |
| ×○○○○○○○。この場合において、○○○○○○○。 | 前段・後段 |
| ２×○○○○○○○○○。ただし、○○○○○○○○。 | 本文・ただし書 |
| ３×○○○○○○○○○○○○○○○○○○○○。 | 項番号 |
| ４×○○○○○○○○○○○○○○○。 | 各号列記以外の部分 |
| ×⑴×○○○○○○○○○○○○○ | 号名 |
| ×⑵×○○○○○○○○ | |
| ×（○○○） | 共通見出し |
| 第２条×○○○○○○○○○○○○○○○○○○○。 | |
| 第３条×○○○○○○○○○○○○○○○○○○○。 | |
| 〔略〕 | |
| ×××附×則 | 附則 |
| ×（○○○） | |
| １×この条例は、令和○年○月○日から施行する。 | |
| ×（○○○） | |
| ２×○○○○○○○○○○。 | |
| 別表（第○条、第□条―第△条関係） | 別表 |
| 〔略〕 | |
| 様式（第○条関係） | 様式 |
| 〔略〕 | |

注：１）×＝１字分の空きを示す。

２）節を細分するときは、「款」となり、款名の位置は、目次、本則ともさらに１字右になる（縦書きでは、下げる）。

３）右欄外は構成単位の名称を示す。

# 2 条例・規則の構成単位

（以下、書式における配字については、特に断らない限り左端からの字数を示す。縦書きでは上端からの字数になる。）

## ① 公布文

### ⑴ 意義

公布文は、条例を公布する旨の公布権者の意思を表示する文章であり、特定の条例・規則を公布する旨、公布の年月日及び公布権者（職・氏名）とで構成される。地方公共団体では、公布権者はその長であるので、長がこれを付することになる。なお、公布文は、条例そのものには含まれない。条例を構成するものではない。

### ⑵ 書式

書式は一般的に次のようになる。

公布文そのものの書き出しは２字目、２行目以下は１字目から配する。公布の年月日は元号表記により、３字目から配する。長の氏名（原本では署名）は末尾を基準とし、氏名の末尾を１字分空け、また、氏名と役職名との間は１字分空ける。

## ② 条例・規則番号

### ⑴ 意義

条例には条例番号が、規則には規則番号が、それぞれ暦年ごとに公布の順に、一連番号で付けられる。この番号は、公布の際に公布権者である長によって付されるものであって、その地方公共団体の名称を冠する。公布年とこの番号により、条例・規則は特定される。したがって、同一の題名を持つ条例・規則であっても、特定ができることになる。普通、法令も同様であるが、題名の次に公布年と条例・規則番号をカッコで付し、これがその条例・規則の正式名称となる。例えば、「行政機関の保有する個人情報の保護に関する条例（令和◇◇年○○市条例第△△号）」「市長の管理する公文書の開示等に関する規則（令和◇◇年○○市規則第△△号）」などである。

条例・規則番号は、その条例・規則に一部改正が施されても、変更されない。これに対して、全部改正を行った場合は、これまでのものを廃止して新たに条例・規則を制定することと同じと考えられるので、全部改正をする条例・規則の番号に変更される。題名が新・旧とも同じであっても、変更される。

### ⑵ 書式

条例番号・規則番号は、１字目から書く。

＊引用と条例番号

条例・規則で他の法令や条例・規則を引用する場合には、初出の引用箇所（題名・目次・章名等や見出しを除く）だけに法令番号や条例・規則番号を付し、以降の引用にはこれを付さない。ただし、紛らわしい場合は第２回目以降においても付することがある。

○○市職員退職手当に関する条例

（趣旨）

第１条　この条例は、地方公務員法（昭和25年法律第261号）第３条第２項に規定する一般職に属する職員（地方公営企業等の労働関係に関する法律（昭和27年法律第289号）第３条第４号の職員で同法第５条第２項に規定する者以外のもの及び地方公務員法第57条に規定する単純な労務に雇用される者を除く。）の退職手当の支給に関する事項を定めるものとする。

## ③ 題名

### ⑴ 意義

題名は、その条例・規則に付けられる固有の名称である。題名中には、法律であれば「法律」又は「法」、条例・規則であれば「条例」「規則」といった、その法の種類（法形式）を表記するのが通例である。題名は、その規定している内容が端的にどのようなものか推測できるよう、かつ、他のものと混同しないように、的確かつ簡潔に表現することが必要である。

### ⑵ 書式

題名の位置は４字目であり、題名が長く複数行にわたる場合でも、左端（縦書きの場合は上端）は４字目である。なお、折り返しは末端（下端）で行い、その途中ですることはない。

＊題名の付け方の例

・題名の冒頭に地方公共団体の名称を冠する例も多いが、条例・規則番号には地方公共団体の名称が付されるし、すべての条例・規則に付すことになれば煩雑になるので、必ずしもその必要はない。また、法律によりその制定が直接委任されているものには、付する必要がない場合が多い。

例：　生活保護法施行細則　　　身体障害者福祉法施行細則

・臨時的、例外的な事項を規定する場合は、なるべく題名で分かるようにする。

例：　○○臨時措置条例　　　○○の特例に関する条例

・新制定及び全部改正の場合

例：　○○○条例　　　○○○に関する条例

・一部改正の場合（通常の場合）

例：　○○○条例の一部を改正する条例

・一部改正の場合（本則で二つの条例の一部改正を行う場合）
例：　○○○条例及び△△△条例の一部を改正する条例

・一部改正の場合（本則で三つ以上の条例の一部改正を行う場合）
例：　○○○条例等の一部を改正する条例

・廃止の場合
例：　○○○条例を廃止する条例

・整理（等）条例（ある条例を改廃するなど一定の事実の発生に伴い、必要となる関連する複数の条例の一部改正を本則でまとめて行う場合）
例：　○○○条例の施行に伴う関係条例の整理（等）に関する条例

・整備（等）条例（ある条例を改廃するなど一定の事実の発生に伴い、必要となる経過措置や関連する複数の条例の一部改正などを本則でまとめて行う場合）
例：　○○○条例の施行に伴う関係条例の整備（等）に関する条例

＊題名と件名

題名は、その法の一部を構成するものであるから、改正の対象になり得る。これに対して、古い法令などで、題名がなく、公布文の一部の語句を引用して題名の代用としているもの（これを「件名」という）があるが、この件名は法の構成部分ではないので、改正対象とはならない。

・立木ニ関スル法律
朕帝国議会ノ協賛ヲ経タル立木ニ関スル法律ヲ裁可シ茲ニ之ヲ公布セシム

〔立木の定義〕
第1条　本法ニ於テ立木ト称スルハ一筆ノ土地又ハ一筆ノ土地ノ一部分ニ生立スル樹木ノ集団ニシテ其ノ所有者カ本法ニ依リ所有権保存ノ登記ヲ受ケタルモノヲ謂フ
②前項ノ樹木ノ集団ノ範囲ハ勅令ヲ以テ之ヲ定ム

（注：この法律を引用する場合は「立木ニ関スル法律（明治42年法律第22号）」とするが、この法律そのものには題名が付されていない。）

・決闘罪ニ関スル件
明治22年12月30日法律第34号
朕決闘罪ニ関スル件ヲ裁可シ茲ニ之ヲ公布セシム
（決闘挑応罪）
第1条　決闘ヲ挑ミタル者又ハ其挑ニ応シタル者ハ6月以上2年以下ノ重禁錮ニ処シ十円以上百円以下ノ罰金ヲ附加ス

（注：「重禁錮」は、刑法施行法第2条により「有期懲役」に変更されている。なお、この規定は、刑法等の一部を改正する法律の施行に伴う関係法律の整理等に関する法律（令和4年法律第68号）第2条により「～者ハ拘禁刑ニ処ス」と改められる。）

## ④ 前文

### (1) 意義

前文は、その条例・規則の制定の由来、理念、趣旨、目的、基本原則等を述べた文章であって、実体的な規定の前に置かれるのでこの名称がある。最も分かりやすい例は日本国憲法の前文である。

内容は目的規定や趣旨規定と重複する場合があり、前文を置いた場合には目的・趣旨規定は置かない例もあるが、両方を置いている例もある。

### ⑵ 書式

前文は、通常の文章と同様であるから、段落ごとに改行して、改行行頭は1字分空ける。段落は、「項」と呼ぶが、条の項のように項番号を付することはしない。題名の次・目次の前に置かれる例もあるが、近年の法律では目次の次に置かれる例が多い。

＊前文の例

> 　　　少子化社会対策基本法
>
> 目次
>
> 　前文
>
> 　第１章　総則（第１条―第９条）
>
> 　第２章　基本的施策（第10条―第17条）
>
> 　第３章　少子化社会対策会議（第18条・第19条）
>
> 　附則
>
> 　我が国における急速な少子化の進展は、平均寿命の伸長による高齢者の増加とあいまって、我が国の人口構造にひずみを生じさせ、21世紀の国民生活に、深刻かつ多大な影響をもたらす。我らは、紛れもなく、有史以来の未曾《ぞ》有の事態に直面している。
>
> 　　　〔略〕
>
> 　ここに、少子化社会において講ぜられる施策の基本理念を明らかにし、少子化に的確に対処するための施策を総合的に推進するため、この法律を制定する。

## ⑤ 制定文

### ⑴ 意義

制定文は、２種類があり、一つは、既存の条例・規則の全部を改正する場合に、その全部を改正する旨を明らかにする文章である。二つは、国の場合でいえば、政令や府・省令の制定に際して、その根拠を明らかにするための文章である。地方公共団体でいえば、法律の規定に基づいて条例・規則を制定する場合、条例の委任に基づいて規則を制定する場合に該当する。この場合については、目的規定・趣旨規定で明らかにする方法もあるが、制定文で明らかにする方法もある。制定文による方法であっても、この制定文は、その条例や規則を構成するものである。

### ⑵ 書式

制定文は、通常の文章と同様に、行頭は１字分空け、改行した場合には行頭（左端・上端）から続ける。どちらの制定文も、題名の次に置かれる。

＊制定文の例

１） 全部改正の場合

信託業法

信託業法（大正11年法律第65号）の全部を改正する。

〔略〕

２） 制定根拠の場合

環境と調和のとれた食料システムの確立のための環境負荷低減事業活動の促進等に関する法律施行令

内閣は、環境と調和のとれた食料システムの確立のための環境負荷低減事業活動の促進等に関する法律（令和４年法律第37号）第24条第２項、第25条第２項及び第42条の規定に基づき、並びに同法を実施するため、この政令を制定する。

（林業・木材産業改善資金の償還期間の特例）

第１条　環境と調和のとれた食料システムの確立のための環境負荷低減事業活動の促進等に関する法律（以下「法」という。）第24条第２項の政令で定める期間は、12年以内とする。

障害者基本法の一部を改正する法律の一部の施行期日を定める政令

内閣は、障害者基本法の一部を改正する法律（平成16年法律第80号）附則第１条ただし書の規定に基づき、この政令を制定する。

障害者基本法の一部を改正する法律第２条及び附則第２条（内閣府設置法（平成11年法律第89号）第37条第３項の表の改正規定に限る。）の規定の施行期日は、平成17年４月18日とする。

社会保障制度改革推進会議令

内閣は、持続可能な社会保障制度の確立を図るための改革の推進に関する法律（平成25年法律第112号）第27条の規定に基づき、この政令を制定する。

（委員の任期）

第１条　社会保障制度改革推進会議……

〔略〕

## ⑥ 目次

### (1) 意義

本則中の条数が多いために、何らかの基準で関連する内容の条をまとめ、これを章や節等に区分することがある。そのような場合、全体が一覧できるように、目次を付する。目次には、章名、節名、款名などと、そのそれぞれに含まれる条の範囲を条名で表示する。目次に掲げるのは、通常、第１章から附則までであり、別表や様式は掲げない。また、附則は章建てにしないのが通例なので、「附則」のみの表示となる。なお、本則については、「本則」という表示はしない。

### (2) 書式

目次は、題名の次に置く。制定文がある場合は制定文の次となり、前文がある場合は、前文が目次の前になるときも、後になる場合もある。

目次に表示する各章や節等に含まれる条名は、章・節等の最小単位の後に括弧書きする。条が一つのときは「(第○条)」と、二つのときは「(第○条・第△条)」と、三つ以上のときは「(第○条－第△条)」とする。「附則」には条名や項番号は表示しない。

「目次」は1字目、章名は2字目、節名は3字目に配する。款名以下はさらに1字ずつ右にずれる（下がる)。

＊特殊な表示の例

ある条文が章全体に通ずる内容を持ち、かつ、これを節に配分しない場合には、章に属しながら、節には属さない条が発生することになる。このような場合は、当該章名の後にその章全体の条の範囲を括弧書きで表示し、かつ、節名にも条名を表示することとされている。

(目次)
×第5章　○○○○○（第35条－第43条)
××第1節　○○○（第36条・第37条)
××第2節　○○○○（第38条－第41条)
××第3節　○○（第42条・第43条)

＊章名等が1行に収まらない場合の表示の例

×第3章×次世代育成支援対策地域協議会（第21条－
　　　×第26条)

## ⑦ 章、節等

### (1) 意義

本則が多数の条で構成される場合には、内容に応じていくつかのグループにまとめる。この場合、最も基本的な区分は「章」であり、章のみで構成する例は多い。しかし、内容に応じて、章をさらに細かく分ける場合には、「節」に分ける。さらに細分化する場合には、「款」、「目」の順となる。反対に、章をまとめるときは、「編」とするが、これはよほど大部な法典でしか使われない。

「第１章　総則」のように書かれる部分を「章名」という。以下、節名、款名、目名と呼ぶ。また、「第１章」と引用する場合は、この章名から第２章の章名の前までを指す。なお、「第１章の２」などのように、章や節の番号に枝番号を使うことがある。これは、条名の枝番号と同様に、一個の独立した章や節であり、「第１章」に付随する、あるいはこれに附属する章や節という意味ではない。

### ⑵　書式

章名は４字目、節名は５字目から配する。以下、細分化されるごとに１字ずつ右にずれる（下がる）。なお、その章や節に含まれる条について条名による範囲の表示はしない。

＊章名等が１行に収まらない場合の表示

目次における場合と同様である。

×××第２章×市町村行動計画及び都道府県行動
×計画

## ⑧ 条と項

### ⑴　条の意義

成文法は、規範を文章化した「規定」によって構成される。この規定の基本的な単位が「条」である。条は、法令の細分化された意味内容の最小のまとまりである。

条は、順に序数を付して、「第１条」「第２条」というように表示する。これを「条名」という。条名は、改正等に伴って条を追加するなどの際に、「第２条の２」のように枝番号を使うこともできる。枝番号の枝番号の例もある。枝番号であるからといって、付随した条であるとか、同じグループに属するとか、といった意味はない。それぞれ独立した一個の条である。

### ⑵ 項の意義

「条」をさらにいくつかの項目に分けることがあり、これを「項」という。項はいわば文章の段落であり、第１項、第２項、というように、順に序数によって称する。項には、その呼称に対応した項番号を付する。ただし、条の第１項には条名が既に付されているので、項番号は付さない。第２項以下の項番号は、縦書きでも横書きでも、算用数字による。また、段落の表示であるので、枝番号は使用しないし、「削除」とすることもしない。

### ⑶ 見出しの意義

条には見出しを付する。また、本則や附則が項のみで構成されている場合には、その項に見出しを付することが多い。

見出しは、その条の内容を端的に表示し、検索の便に供することを目的としている。見出しは、その条の規定内容を理解するために参考になるが、それによって規定内容が左右されるものではない。

見出しは、その条（あるいは項）の前に（　）で表示する。原則として、「第○条」といった場合は、その見出しまで含んで示していることになる。ただし、これを明確にするときは、「第○条（見出しを含む。）」と表示する。見出しだけを指示する場合には、「第○条の見出し」という。これに対して、複数の条の前に、これらに共通する見出しを付する場合があり、これを「共通見出し」という。共通見出しを指示する場合には、「第○条の前の見出し」という。この場合、単に「第○条」といった場合には、その前の見出しは含まれない。

### ⑷ 書式

条も項も、書式は同様である。条名と項番号は１字目、条名・項番号と条文の間は１字空ける。条文が２行以上にわたるときは、２行目以降は２字目から書く。見出しは、条名又は項番号の左肩（縦書きでは右肩）に、２字目に括弧が始まるように置く。

＊条項号の指示

特定の条を示す場合にはその条名を、項は項番号を、号は号名を引用するが、ある条項号において、その前後の条項号を引用する場合については次のようなルールがある。

まず、直前の条を指示する場合は、一つのときは「前条」と、二つのときは「前２条」と、三つのときは「前３条」と、四つ以上で直前までのすべてのときは「前各条」と、四つ以上で直前までのまとまりのときは「第○条から前条まで」とする。

反対に、直後の条を指示する場合は、一つのときは「次条」と、二つのときは「次条及び第○条」と、三つ以上のときは「次条から第○条まで」とする。

項及び号についても同様である。

＊古い法令の見出し

古い法令では見出しを付していないものが多いが、法令集ではこれに編集者が独自に見出しと同じようなものを注記していることが多い。このような注記は、本来の見出しと区別するために、〔　〕や【　】で表記され、通常の見出しの位置や、条名の次（下）などに置かれる。これらは、正規のものではないので、注意を要する。

## ⑨ 条項の構成部分

### ⑴ 号

条や項においていくつかの事項を列記的に規定する必要がある場合は、その部分を箇条書にして番号を付する。これが「号」であり、この番号を「号名」という。列記している条や項のうち、号の部分を「各号」あるいは「各号列記」といい、それ以外の部分を「各号列記以外の部分」という。

### ⑵ 前段・後段

条や項が複数の文で構成される場合がある。二つの文で構成される場合には、前の部分を「前段」といい、後の部分を「後段」という。三つの文で構成されることもあり、「前段」「中段」「後段」という。四つの文はほとんど例がない。

前段・後段の場合、後段は「この場合において」で始まることが多いが、これに限られるわけではない。一般的に後段は、前段の内容を詳しくしたり、あるいは補足的に説明することが多い。

### (3) 本文・ただし書

条や項が二つの文で構成され、かつ、後が「ただし」で始まる文のときは、前の文を「本文」、後の文を「ただし書」という。本文・ただし書は、本文部分が原則を、ただし書が本文部分の例外を表すのが普通である。一般に「ただし、………については、この限りでない。」という形式をとることが多い。

### (4) 書式

号名は、横書きの場合は、通常、括弧付きの算用数字で表す（縦書きの場合は漢数字）。号名は2字目から、列記は1字分空けてから書く。複数行にわたる場合は、2行目以降は3字目からとなる。

＊規定例

1） 各号と各号列記以外の部分

2　地域再生基本方針には、次に掲げる事項を定めるものとする。
(1)　地域再生の意義及び目標に関する事項
(2)　地域再生のために政府が実施すべき施策に関する基本的な方針
(3)　次条第一項に規定する地域再生計画の同条第四項の認定に関する基本的な事項
(4)　前各号に掲げるもののほか、地域再生の推進のために必要な事項

2） 前段・後段等

（技術提携の改善）
第13条　発注者は、技術提案をした者に対し、その審査において、当該技術提案についての改善を求め、又は改善を提案する機会を与えることができる。この場合において、発注者は、技術提案の改善に係る過程について、その概要を公表しなければならない。

（役員及び職員の秘密保持義務）
第11条　機構の役員及び職員は、職務上知ることのできた秘密を漏らし、又は盗用してはならない。その職を退いた後も、同様とする。

3） 本文・ただし書

5　国は、前項の費用のうち第１項第１号から第３号までに掲げる事業及び第２項に規定する事業に係るものについて、政令で定めるところにより、その２分の１を補助するものとする。ただし、他の法令の規定により２分の１を超える国の負担割合が定められている場合は、この限りでない。

2　委員の任期は、３年とする。ただし、補欠の委員の任期は、前任者の残任期間とする。

## ⑩ 表・別表

### (1) 意義

内容を分かりやすく分類整理して規定するために「表」を用いることがある。表は、条・項・号などの規定の中に置く場合と、法令の末尾にまとめて掲載する場合とがある。後者は、内容が複雑で長い場合などに用いられるが、この表を特別に「別表」という。また、附則に付随して置かれる別表は、「附則別表」と表示することが多い。

別表が複数ある場合は、「別表第１」などと、順に番号を付する。これに続けて表題を付する場合もある。また、その表が本則のどの条項に関係するものかを明らかにするため、「（第○条関係）」「（第○条、第×条関係）」というように、表名又は表題の次に関係規定を括弧書きで列記する。ただし、附則別表については、原則として、このような注記をしないのが通例である。

表は、縦・横の線で区切られるのが普通であるが、区切り線を用いない表もある。区切り線を用いた表では、横書きの場合、横の区切りが「項」であり、縦の区切りが「欄」である（縦書きの場合はこれが逆になる）。項の特定は、番号や表題が付されていれば、これに従う。欄も同様であるが、「左欄・（中欄）・右欄」と呼ぶこともできる（縦書きでは上欄・中欄・下欄）。

### ⑵ 書式

線で囲う表の場合、行端のそれぞれ１字分を空ける。適宜、線で区切り、各区画の中に語句を置く。なお、「別表」「別表第１」などの表題は１字目から配する。

＊表の区分の特定

表のある区画の部分の特定について、項・欄以外に、部・款・項という用語を使うとする説があるが、これは一般的ではない。例えば次のような説明がある。

「横の区画が大・小二つに区分されたときは、左側の大きい区分が「部」となり、右側の小さい区分が「項」となる。さらに、大・中・小三つに区分された場合は、左側の大きい区分が「部」、真中が「款」、右側の小さい区分が「項」となる。具体的には、『第○条の表◎の部□の項×の欄』『第○条の表◎の部△の款□の項×の欄』などという。」

部・款・項の区分は、もともと予算書の構成に使われてきたもので（財政法23条参照）、法令の表に用いる例はない。ただし、項・欄の表題部に部や款を用いて表示している場合は、そのような名称を付しているので用いることができるといえようが、これも紛らわしいので避けるべきである。

欄に表題を置いて、これによって特定する例としては、例えば、「経費の種類の欄」「測定単位の欄」「補正の種類の欄」のようにする（地方交付税法13条５項）。

## ⑪ 算式・様式・書式・図

### (1) 算式

通常、法文においては、加減乗除も文章で表現することとしている。規範として表現しようとするからである。しかし、これでは分かりにくくなる場合や、数式を用いた方が正確に表現できる場合には「算式」を用いる。

算式には、必要に応じて算用数字、数学記号、その他の記号等を用いる。記号を用いる場合は、その記号が何を表しているかを明確にしなければならない。

### (2) 様式・書式

法令・条例・規則などにより作成、備付け、提出、掲示、届出、携帯などが義務付けられる書類、書面、証票などについては、その様式や書式を定めることが多い。様式は、同種の行為が多数反復して行われるような場合に、その形式を統一化する必要がある場合等に用いられる。このような定めは、その法の末尾（附則の後）に別記する。別表があれば、その後に置かれる。様式が一つの場合は、「様式」あるいは「別記様式」とし、複数の場合は、「様式第１号」「様式第２号」……などと番号を付け、これを別表と同様に左肩（縦書の場合は右肩）に表示する。また、根拠条名を括弧書きで表示する。

### (3) 図

服制や装置、市町村章のようなものを定める場合には、実際に図で示すことが必要となる。表示の仕方は表・別表などと同じである。

＊国旗及び国歌に関する法律（平成11年法律第127号）は、別記として日章旗の制式並びに君が代の歌詞及び楽曲（五線譜）を掲げる。

### ⑷　書式

様式については、ほぼ表・別表と同じように表示する。算式や図の表示については、特にルールがあるわけではなく、必要に応じて表示すればよい。

## ⑫ 附則

### ⑴　意義

本則に規定した事項に付随する事項を規定した部分をいう。主に、当該条例の施行期日、既存の条例の廃止、当該条例の経過措置、関係条例の改正、有効期限等を定める。

### ⑵　附則の構成

附則は、本則と同様に、項で構成される場合と条で構成される場合とがある。項で構成される場合には、算用数字で第１項から項番号を付し、それぞれの項に見出しも付するのが一般的である。条で構成される場合も、当然、第１条から始まり、それぞれに見出しを付する。附則の規定を引用する場合には、附則第○項、附則第○条などと、「附則」を必ず付する。なお、通常、附則が施行期日だけを規定している場合は、見出しも項番号（条名）も付さない。

### ⑶　書式

書出しの位置は、見出しの「附」を４字目、「則」を６字目とする。条・項についての配字は本則と同様である。

＊施行期日を定める政令・規則の施行期日

一般的に、法令も当然であるが、条例・規則でも、当該条例の施行期日を定める規定を附則に置く。施行期日に関する法の適用に関する通則法・地方自治法の一般的な規定があっても、そうするのが例である。しかし、法律の委任に基づいてその法律の施行期日を定める政令や、条例の委任に基づいてその条例の施行期日を定める規則では、その施行期日に関する規定は置かないし、したがって、附則を持たないのが一般である。しかも、法の適用に関する通則法・地方自治法の一般的な規定の適用もないと解されている。このような政令や規則は、その性格上、公布と同時に効力が発生する、あるいは、施行期日を定めているためにその期日の到来によって当然に当該法律や条例が施行され、その政令や規則は用済みになる、と考えられている。そのため、その政令や規則の施行期日を定める意味がないとされているものである。

# 3 条例・規則の分類とその構造

## ① 形式的分類

日本の成文法は、形式的にいくつかに分類することができる。最も一般的な分類は、新規制定法令、全部改正法令、一部改正法令、廃止法令、という4種類のものだろう。これは条例でも規則でも同様である。

新規制定法令という名称は、必ずしも適切なものではない。新たに制定するという意味ならば、他の法令についても当てはまるからである。これは、他の3種類に属さないものともいうことができるし、あるいは単独法とか単行法とかいうこともできる。他の3種類が既存の法令に対して何らかの措置を採ろうとする内容の法令であるのに対して、これは、新たに、単独で、ある法政策を創造するものである。

＊条例・規則と法技術

条例・規則が地方公共団体の自治法規であることを強調すれば、国の法体系上の分類であり、あるいは国の法令で形成されてきた法技術の形式であるこのような分類とは別に、独自の立法形式を採用することも、観念的にはあり得るだろう。例えば、既存の法令に改正を加えるという方式によらず、すべて新たな法の制定で対処するという方式も考えられるだろう。しかし、条例・規則も広い意味で国の法体系に組み込まれているものであり、また、一つの国の法文化の下にある以上、やはり、国の法令と同様の法技術の体系で立法することになるだろうし、またそうすべきでもあるだろう。

＊個別の法令と分類

実際の個々の法令においては、例えば、新規制定法令であっても、附則において他の法令の一部改正を行ったり、廃止したりする場合もある。これはあくまでも本体的部分である本則がどのような形式の法令であるかによる分類であるから、附則で一部改正を行っている法令を、新規制定と一部改正の並立の形式だと分類するわけではない。また、複数の法令の一部改正を本則でまとめている法令もあるが、これは一部改正法令に分類される。ただし、最近の立法例では、稀ではあるが、本則において、新規制定の部分と他法令の一部改正の部分とを並べるものがある。

＊新規制定と他法改正とが本則に併存する例として、次のようなものがある。

武力攻撃事態等における国民の保護のための措置に関する法律

目次

第1章　総則

〔略〕

第10章　罰則（第188条―第194条）

第11章　事態対処法の一部改正（第195条）

附則

第1章　総則

〔略〕

第11章　事態対処法の一部改正

第195条　事態対処法の一部を次のように改正する。

〔略〕

注）この平成16年法律第112号第195条は、この条の施行とともにその役割を終えており、また末条でもあるので、実質上、規定としては削られたことと同様に扱われている。

## ② 新規制定

### ⑴ 構造

新規制定法令あるいは新規制定条例・規則は、通常の規定（条・項など）で構成され、本則と附則とから成る。本則は、成文法の典型的な構造を持ち、条が多い場合は、章構成をとるのが一般的である。

### ⑵ 分類

新規制定法令には、次のようないくつかの便宜的な分類呼称がある。何らかのメルクマールで分類されるが、必ずしも明確あるいは厳密な分類概念ではなく、相対的な区分ということができる。

#### ① 存続期間による分類

存続期間を予定するかどうかにより、恒久法と限時法・臨時法・緊急法・暫定法などとの区分ができる。失効時期を明定している場合が限時法であるが、そうしていなくても、一時的な状況に対応することを予定した法令は、その趣旨などから、臨時措置法・緊急措置法・暫定措置法といった呼称が付けられる。

#### ② 適用対象分野による分類

適用対象分野が一般的かどうか、一般に適用される内容を規定した法令かどうかにより、一般法と個別法・特別法・特例法などとに分けられる。逆の場合で、一定分野の基本になるような内容を持ち、適用上優越的な地位にあるかどうかにより、基本法と一般法・個別法という区分も可能である。ただし、形式的効力の差があるわけではない。

#### ③ 附則的事項のまとめ

ある法令の附則的な事項をまとめて独立させた法令として、施行法・整備法・整理法といった呼称のものがある。ある政策の下にいくつかの改正法令を１件にまとめたものもある。これらは、内容は一部改正法令である場合が多いが、一つのまとまったものとして、単行法ということもできる。

## ③ 一部改正

### ⑴ 法令の改正

法令の改正は、同じ法形式の法令によって行う。法律であれば法律により、条例であれば条例により、改正を行うということである。

既存の法令の内容を改正する方式としては、新たな内容を新たな法令によって既存の法令とは別に追加していく追加方式と、既存の法令の必要な部分を改めて、全体として新たな内容が溶け込んだ形の法令を作る、溶け込み方式との二つがあり得る。日本の法体系は、後者の溶け込み方式を採用している。したがって、一部改正をしても、その法令の法令番号は変わらない。他方、一部改正法令は、通常は、本則が用済みとなって実質的に消滅し、その法令としては附則のみが残る形となる。法令集では、附則のみが、元の法令の（附則の）後に掲載されるのが通例である。

法令の改正は、全部を改正する全部改正と、一部を改正する一部改正とに分けられる。一部改正は、全部改正以外の改正であって、その量を問わない。既存の法令のほとんどを改正するものであっても、一部改正の方式を採る以上は、一部改正である。

### ⑵ 構造

一部改正法令は、一部改正である旨を表示した題名、ある特定の法令の一部を改正する旨を宣言する柱書きと具体的にどのように改正するかを示す改正規定とで構成される本則、これに伴う附則、という構造になる。改正規定については、第２部で扱う。

### ⑶ 分類

本則で一つの法令を改正するのが一般的であるが、複数の法令を改正する場合もある。両者は題名の表示が異なる上、複数の法令を改正する場合は、一つの法令の改正ごとに条を設ける、いわゆる条建てとするのが原則である。複数の法令を改正する場合の特別な例として、いわゆる整理法や整備法がある。

## ④ 全部改正

### ⑴ 全部改正

全部改正は、実質的には、既存の法令の全部を廃止し、新たにこれに代わる法令を制定するものである。全部改正とするか一部改正とするか、あるいは、全部改正とするか、既存法令の廃止と新法令の制定という二つの行為とするか、これらについての基準は、必ずしも明確ではない。

### ⑵ 構造

全部改正法令は、改正後の題名を付し、次に全部改正の制定文を置き、その次に条文が続くことになる。当然、附則も付される。全部改正をすると、法令番号も新しいものになる。

＊全部改正と一部改正

一般に、全部改正とするか一部改正とするかは、改正対象の量によって判断される。また、法令番号が変わることが妥当かどうか、という判断基準もあり得る。実際には、そのような要素も考慮して、総合的に判断することになろう。

＊全部改正と廃止・制定

全部改正にするか、廃止して、これに代わる新たな法令を制定するかは、制度の継続性などを考慮して判断することになる。また、政治的な考慮も加わることがある。

※全部改正の例（平成19年法律第53号）

　　　統計法
　統計法（昭和22年法律第18号）の全部を改正する。
目次
　第１章　総則（第１条－第４条）
　　　〔略〕

附則

第１章　総則

（目的）

第１条　この法律は、公的統計が国民にとって……

〔略〕

## ⑤ 廃止

法令を廃止するということは、その法令を形式的にも実質的にも消滅させることである。本則においてある法令を廃止する規定を置く場合は、題名にも廃止法令であることを表示する。また、附則は、施行期日（その廃止法令の施行の日において、対象である法令が廃止される）や、廃止に伴う他法令の整理、経過措置などを置くのが通例である。

ある法令の附則で他の法令を廃止する場合は、ある法令の制定に伴って廃止が必要となる場合であり、これに伴う経過措置などは、その附則で規定することになる。

※廃止の例

中小企業総合事業団法及び機械類信用保険法の廃止等に関する法律

（中小企業総合事業団法及び機械類信用保険法の廃止）

第１条　次に掲げる法律は、廃止する。

⑴　中小企業総合事業団法（平成11年法律第19号）

⑵　機械類信用保険法（昭和36年法律第156号）

（地域振興整備公団法の一部改正）

第２条　地域振興整備公団法（昭和37年法律第95号）の一部を次のように改正する。

〔略〕

附　則

（施行期日）

第１条　この法律は……
（中小企業総合事業団の解散等）
第２条　中小企業総合事業団（以下「事業団」という。）は、この法律の施行の時において解散するものとし、……

# 第6章

# 本則の構成と規定の種類

# I　本則の構成

## ① 本則

### (1) 意義

本則とは、法令の本体的な規定が置かれる部分であって、題名及び附則以外の部分をいう。したがって、前文、目次、別表などは原則として本則には含まれないと解される。ただし、目次や前文が本則に含まれるかどうかは、必ずしも明確ではない。必要がある場合には、その場に応じて明確にすることになろう。なお、本則という呼称は、附則の存在を前提とするものであるから、附則のない法令においては、本則という区分は成り立たない。

### (2) 範囲

本則には、附則とは異なり、「本則」という表示をしない。通常は、題名（又は目次）の次から「附　則」という表示の前までが、本則という部分である。

## ② 構成

### (1) 規定の配置

本則は、法令の本体的な内容の規定をまとめた部分であるから、その法令の内容によって、構成や規定の配置の仕方は異なる。したがって、構成が一義的に決まるものではないが、規定の配置は、ある程度論理的な順序に基づいているため、おおよその傾向はまとめることができる。なお、本則が１項のみで構成される場合や、２条あるいは２項のみで構成される場合もある。

### ⑵　総則的規定

本則の初めには、その法令の基本的な考え方や全体に共通する事項が置かれることが多い。これらの、法令の目的・趣旨、定義規定などをまとめた部分を、一般的に総則的規定あるいは総則規定という。実際に、章などにまとめ、その章名を「総則」とするからでもある。規定の内容としては、以上のほかに、基本理念、責務、解釈指針、適用対象、適用除外、他の法令との関係などがあるが、特にその範囲が決められているわけではない。なお、一つの章の中で、その章全体に共通する事項や基本的事項をまとめて「節」にすることがあるが、この場合の節名としては「通則」などとすることが多い。

### ⑶　実体的規定

総則的規定の次には、その法令の中心となる内容を規定する部分が置かれる。実体的規定などともいわれるが、必要な手続的規定も含まれることが多く、その構成はさまざまである。

### ⑷　雑則的規定

中心的な一群の規定の後には、これらに付随する各種の規定が置かれる。これを雑則的規定あるいは補則的規定という。これも、実際に、章としてまとめ、章名に「雑則」や「補則」が使われるからでもある。

### ⑸　罰則規定

本則の最後に、通常は、その法令の目的を達成する手段の有効性を担保するため、罰則が置かれる。これを罰則規定という。罰則も、章としてまとめ、章名に「罰則」を付することが多い。

# 2 総則的規定

## ① 目的規定

### (1) 意義

目的規定は、その法令の立法目的を簡潔に表現したもので、通常、第１条として規定される。具体的な規範を定めるものではないから、実質的な意味は希薄ということもできるが、個々の規定の解釈の指針となることもあり、また、その法令の基本的な立場を明確にするものでもあるから、重要な規定といわざるを得ない。

なお、前文を置く場合には、これと内容が重なることが多いので、一般的には目的規定を置かない傾向にある。しかし、前文と目的規定を置く例もあり、必ずしも一義的に決まるわけではない。

### (2) 書式

目的規定は、通常、「この条例（規則）は、……することを目的とする」、あるいは「この条例（規則）は、……（に寄与）（に資）することを目的とする」という表現をとる。類型的には、①法令の直接の目的だけを掲げるもの、②法令の直接の目的と、より究極的な目的とを掲げるもの、③法令の目的（直接・究極の）とその達成手段等を掲げるもの、といった分類が可能である。

＊立案における目的規定

目的規定を立案する場合に、ややもすると、これを軽視して、最後の段階でパターン的に起案するということがあるようである。しかし、法令を立案する場合に、何を目的として、どのような法的な手段を採用するのか、という命題の追求は、最も重要な作業である。法令の合理性にも、また、憲法適合性にも直結する問題なのである。したがって、少なくとも直接的な目的は、常に明確にする努力を惜しんではならない。目的が明確でなければ、採用する法手段との関係の合理性は疑われることになるし、その法令自体の明確性も疑問を持たれることになる。何よりも、盛るべき内容や個々の規定を論理的に関係付けることが困難になる。目的規定の明確化をおろそかにしてはならないのである。

## ② 趣旨規定

### ⑴ 意義

その法令で定める内容を簡潔に表現し、その制定の趣旨を明らかにする規定が、趣旨規定である。一般的には、目的規定か趣旨規定かのいずれかを、第１条として置く。

### ⑵ 書式

趣旨規定は、通常、「この条例（規則）は、……について定めるものとする」と表現する。

＊目的規定と趣旨規定

一般的には、目的規定を置く法令の方が多い。まれに、「……を定めることを目的とする」といった表現で、見出しを「(目的)」とする例が見られるが、これは誤りに近い。本来は趣旨規定にすべきだろう。また、組織などを設ける法令においては、第１条にその組織の設置を規定し、その見出しを「(設置)」とするのが一般的である。

法律の委任に基づく条例や、条例の委任に基づく規則の場合は、当該法律・条例に、既に立法目的が謳われているのが一般的であり、委任に基づく条例・規則には、趣旨規定を置くのが一般的である。

## ③ 理念・責務規定

### ⑴ 意義

理念規定とは、その法令で採用する施策を実施し、あるいは推進するための基本理念を明確にする規定をいう。責務規定とは、その施策に関して国・地方公共団体・行政や国民の責任と義務を明らかにする規定をいう。もっとも、いずれにしても、確たる定義があるわけではなく、見出しに「(理念)」や「(基本理念)」「(責務)」とあれば、そのように呼ぶことになる。これらに類するものに、方針、原則、任務などの規定もある。

### ⑵ 書式

理念規定は、「……を基本理念とする」のように理念として規定する場合もあるが、多くは、「(施策を) 講じなければならない」「講じるよう努めなければならない」「(施策を) 策定し、及び実施するものとする」というような構成となる。責務規定についても同様な傾向が見られ、「……する責務を有する」とする例もあるし、「……しなければならない」「……するものとする」とする例もある。なお、理念規定や責務規定は、定義規定の次に置かれる例が多い。

## ④ 定義規定

### ⑴ 意義

その法令で必要となる基本的な概念は、その内容・意味を明確にしなければならない。そのために置かれるのが定義規定である。その法令における基本的な概念や主要な適用対象について、解釈上の疑義を払拭するため、いわゆる内包と外延を明確にすることを目的とする。

どのような用語・概念について定義規定を置くかは、一般的には、その法令における規定の明確性と簡潔性との要請から決められる。通常、その法令の基本的な用語、その法令で創設した固有の概念・用語、一般的な日常用語や多義的な用語でその法令において重要な意味を持つものなどについて、それがどのようなモノやコトを意味するのか、その範囲はどこまでなのか、を明らかにするために置くことになる。

定義規定は、総則に置く場合は、その法令全体に関わるような概念・用語をまとめて規定する。これに対して、ある規定以降の規定や、特定の個々の規定において定義する必要がある場合があり、このような定義は、実体的な個別の規定の中に置くことになる。この場合には、その定義がどの規定で利用されるのか、有効なのか、を明らかにする必要が生じる。

### ⑵　総則的な定義の書式

総則的な定義規定は、目的規定・趣旨規定の次に置かれる例が多い。この場合において、用語の定義は、その法令全体に及ぶように（定義規定よりも前にある用語も該当するように）定めるのが一般的である。その形式としては、次の二つがある。

#### ①　項による場合

×（定義）
第○条×この条例において「○○」とは、………をいう。
2×この条例において「◇◇」とは、……をいう。

#### ②　号による場合

×（定義）
第○条×この条例において、次（の各号）に掲げる用語の意義は、×当該各号に定めるところによる。
×⑴×○○×…………………をいう。
×⑵×△△△×……………………をいう。
×⑶×□□□□×………………をいう。

### ⑶　個別規定の定義の書式

個別規定における定義規定は、その必要な箇所に置くが、括弧書きによる場合と、実体的な規定とする場合とがある。いずれにしても、その定義された概念・用語が、どの規定において有効であるかを明確にする必要がある。(なお、括弧書きによる場合は、いわゆる略称規定と同じ形式である。)

**①　括弧書きによる場合**

……□□□□□□□（以下「◇◇」という。）……
……◇◇（□□□□□□□をいう。以下同じ。）……

**②　個々の規定による場合**

第○条×……◇◇……。
2×前項における（の）◇◇とは、□□□□□□□をいう。

＊定義の及ぶ範囲の指定

1）総則的な定義規定では、「この条例において、……」と規定するので、この定義はその条例全体に及ぶ。

また、「この条例において、……」と規定する以上、その条例の一部改正条例においては、改正される条例とは別個の条例であるから、改めて定義規定を置かない限り、その定義が利用できないのは当然である。したがって、もとの条例で定義されている用語を、その一部改正条例の附則などでそのまま使用することはできない。

なお、条例の委任に基づいて制定する規則において、条例において定義された語句を、その定義どおりの意味で使用する場合でも、その定義を改めて規則で定めるのが原則である(「この条例において」は、その条例のみを意味するのであり、その条例の委任に基づく規則は別個の法令であって、その「条例」に含まれないことは当然である)。

ただし、規則での定義規定は、「この規則において◇◇とは、○○条例第○条（第○項、第○号）に規定する◇◇をいう。」などと、条例の定義と同じであることを明示するのが例である。

2）個別の定義規定は、括弧書きにせよ、個々の規定にせよ、定義の有効範囲を明示する。個々の規定による場合（前記⑶②の場合）は、通常はその箇所のみの定義となる。これに対して、括弧書きの場合は、単に「(□□□□□□□をいう。)」として、何も規定しなければ、その規定のその箇所のみの定義となる。「以下」を付加すると、その箇所以降、その法令の末尾まですべてについてその定義が有効となる。数箇所に限定する場合には、「□□□□□□□（第○条及び第×条において「◇◇」という。)」、「◇◇（□□□□□□□をいう。第○条及び第×条において同じ。)」のように、有効箇所を特定する。必要に応じて、「この条（この章・この節・この項・次項・次条など）において」などと規定する。

## ⑤ 解釈規定

### ⑴ 意義

法令やその規定の解釈について、その指針や留意すべき事項を示す規定をいう。解釈規定には、解釈の方向を示すもの、他の法令の適用関係を明確にするもの、念のために解釈を明示するもの、概念を確認するものなどがあり、内容はその必要に応じて決められる。

### ⑵ 書式

解釈規定の見出しは、「解釈及び運用」「解釈適用」「適用上の注意」等さまざまである。もちろん、個々の規定について、当該規定の項などで定める場合には、見出しは付さないのは当然である。表現としては、「……は、◇◇と解釈してはならない」「……については、◇◇の規定の適用があるものとする」「◇◇の規定は、……の規定の適用を妨げるものではない」などの例がある。

＊解釈規定の例

（立入検査）
第○条×……………。
２×……………。
３×第１項の規定による立入検査の権限は、犯罪捜査のために認め×られたものと解釈してはならない。

（著作者人格権との関係）
第○条×この款の規定は、著作者人格権に影響を及ぼすものと解釈×してはならない。

# 3 本体的規定

## ① 本体的規定の種類

本体的な規定は、一般的に、実体的規定などともいわれるが、手続的な規定が多い場合もあり、千差万別である。要するに、その法令のそもそもの制定目的の中心をなす内容を定める規定群であるといえる。しかし、法令の内容のジャンルごとに見ると、その類型ごとに共通する規定ともいうべきものがある。例えば、ある政策目的を実現するため、あるいは公共の福祉の増進のために、法令で特定の行為や事業を規制しようとする事業・行為規制にあっては、特許、許可、免許、認可、認証、登録、届出等の制度のうちどのようなものを採用するか、その対象事業・行為の態様、規制の基準、その手続、行政監督と監督処分などを定めることになる。

このようなジャンルもさまざまであるから、これを網羅することはできないが、例えば、事業・行為規制のほかに、ある職業・職務に従事するについて法令上一定の知識・技能・技術を要するとして、その資格の取得要件・手続などを定めるとともに、業務の規制・監督を定める資格の付与、文化・産業等各種事業主体などに対して金銭の給付などの経済的な援助を与えることを内容とする補助・助成、行政機関の所掌事務・名称・人員・組織構成・事務分担等を定める機関・組織等、税・負担金・分担金などが主に挙げられる。これらのジャンルにおいては、やはりそれぞれに共通する規定類型が見られる。ここではいくつかの例を挙げるにとどめる。

## ② 事業・行為規制

### ⑴ 意義

事業規制は、事業そのものについての許可などの規制の制度があり、そのほか、事業・行為の態様、その行える地域や時間等についての規制もある。これらの規制については、講学上の概念と実際の法令で用いられる概念とが必ずしも一致しないので注意する必要がある。必要なことは、政策目的に鑑み、必要かつ最小限の規制としてどのような規制の制度が合理的か、を追求することである。

### ⑵ 規制の概念

講学上、事業・行為の規制の概念は、次のように考えられている。

#### ① 特許

国などの公権力が有する事業を行う権限を、特定の企業・会社に対して付与し、あるいは設定すること（行政契約とする説あり）。

#### ② 許可

法令によるある行為の一般的な制限禁止を特定の場合に解除し、適法に行うことができるようにすること。

#### ③ 認可

第三者の行為を、行政官庁の行為によって補充し、その法律的効力を完成させること。

#### ④ 登録

一定の法律事実又は法律関係を行政官庁等に備える公的な帳簿（公簿）に記載し、公的にこれらを明らかにすること。

#### ⑤ 届出

一定の法律事実又は法律関係を行政官庁に知らしめること。

### ⑶ 構成

規制制度の構成に際しては、まず、規制の対象となる事業・行為と、その規制の目的を明確にしなければならない。どのような事業や行為を行うと、どのような規制がなされるのか、その目的・観点はどのようなものか、という基本規定を設定し、これを根幹として派生する内容を規定する。例えば、許可制度であれば、許可の基準・許可処分・その有効期間と、これに対する許可取消しなどの監督上の措置などの規定が中心となり、これに加えて、規制を受ける国民・住民の立場から必要な、申請手続、許可証、許可の地位の承継、許可事項の変更手続などの規定を整備することになる。

## ③ 資格付与

### (1) 意義

資格付与制度とは、ある職業・職務に従事するについて法令上一定の知識・技能・技術を要するとし、その資格の取得要件、取得手続などを定めるとともに、業務内容についての規制・監督を定めるものである。これは職業選択の自由を制限し、事業・行為規制と同様の効果を生むため、その合理性と合憲性の検討が求められる。この制度を定める法律は、その名称から、俗に師法とか士法（さむらい法）といわれる。

### (2) 構成

資格付与制度は、一般的に、職業が原則として独立している自由職と、一定の事業・業務遂行に必要とされるいわゆる技能職とに分けられる。自由職では、その資格を得ればその職業に従事することができることとなり、技能職では、その資格を有する者を一定の事業において従事させなければならないことになる。

このほか、制度の骨格としては、対象の業務・行為の範囲を画定する、資格者の名称とその名称（類似名称も含む）の使用制限を定める、資格付与の方法と基準を定める、資格者の義務や業務制限、水準維持のための監督処分について定める、といった規定が考えられる。

## ④ 補助・助成

### (1) 意義

行政主体が、文化、産業等各種事業を振興することや、これらの事業を一定の政策目標へ誘導することを目的として、事業主体などに対して、金銭の給付などの経済的な援助を与えることを内容とする制度を、補助・助成制度という。公共的事業に対して行う助成と、特定の私人・企業が行う事業に対して行う助成とに分けることができる。

補助・助成措置を定める場合は、その目的と対象を明確にするとともに、平等原則や憲法第89条に抵触しないか、合理的な理由があるかなどの検討が必要である。また、補助金などの交付にあっては、公金支出が目的に合致し、適正であるかどうかを担保する仕組みを考える必要がある。

### (2) 構成

補助・助成の具体的な措置としては、さまざまなものがあるが、その目的や対象の性格から最も適切な手段を講ずることが望まれる。比較的多いものは、補助金の交付であるが、このほかにも、利子補給、損失補償、債務保証、出資、低利の資金貸付又はそのあっせん、国有財産の無償・低額の譲渡・貸付、税の減免措置などがある。それぞれ、例となる規定があるので、これを参考に、その制度の構成を検討することである。

## ⑤ 行政計画

### (1) 意義

法令には基本的な施策の方針を定め、これに従って行政が計画を定め、これに基づいて行政が行われることを要請する、という仕組みを定める場合である。具体的な行政目標として設定する行政上の計画に従って行政活動を行うもので、これを計画行政といい、この計画を行政計画という。行政計画は、必ずしも法令に根拠を置く必要はないが、行政庁の広い裁量により策定されるところに特徴があるから、国民・住民の権利保護のため行政の恣意が生じないよう、法令により裁量の範囲を限定することが望ましい。

行政計画は、行政主体が策定する計画である。その機能は、総合的かつ科学的な行政目標の設定、行政の整合性の確保、民間活動のガイドラインといった点に求めることができる。したがって、国民・住民に対しても大きな影響力を持つことになるし、計画によっては国民・住民を直接に拘束する場合もあるから、何よりも計画策定手続の民主化を図ることが必要である。

### ⑵ 構成

法令で定めるべき事項は、計画の基本方針（基本構想）、計画策定権者、計画の対象と種類（基本計画・実施計画、中央計画・都道府県計画・市町村計画など）、計画に定めるべき事項、策定した計画の公表に関する事項、利害関係の調整とその手続に関する事項、事業推進・行政執行の方法と手続に関する事項などとなる。

# 4 雑則的規定

## ① 雑則的規定

本則の後半に、中心的な規定以外の規定をまとめるのが通例であるが、これを章とするときには「雑則」とする。主に、中心的な規定に付随する技術的・手続的な事項が多く規定される。一般的に、雑則に置かれる規定としては次のようなものがある。

・費用負担やこれに準ずるものに関する規定　分担金、使用料、手数料、加入金など

・行政監督に必要な手段に関する規定　立入検査、書類提出、報告聴取など

・行政手続の特例に関する規定　聴聞、弁明、審議会への諮問、参考人意見聴取など

・行政救済に関する規定　損失補償など

・行政争訟の特例に関する規定　行政事件訴訟法・異議申立て・審査請求の特例など

・行政処分の特例に関する規定　行政処分の条件その他の付款など

・適用関係の特例に関する規定　適用除外、適用特例、他の法令との関係など

・委任に関する規定　権限の委任、下位法令（規則など）への委任、経過措置の委任など

以下には、主なもののみを取り上げる。

## ② 手数料等

### ⑴ 規定内容

国においては、一定の事務について手数料を納付させる場合、法律でその旨を規定し、その額については政令に委ねる例が多い。また、手数料額は、実費を勘案して定める旨を規定することが多い。そのほか、分担金や使用料などについても、ほぼ同様のことがいえる。

これに対して、地方公共団体においては、地方自治法にこれらに関する一般的な規定があり、これに基づいて手数料等について定める場合と、個々の法律においてこれらに関する規定があり、これに基づいて委任を受けた条例で手数料等について定める場合とがある。

### ⑵ 地方自治法上の規定

地方自治法においては、それぞれ、次のように規定されている。

#### ① 手数料

地方公共団体の事務で特定の者のためにするものについて徴収する（227条）。

#### ② 分担金

数人又は地方公共団体の一部に対し利益のある事件に関して、その必要な費用に充てるため、その事件により利益を受ける者から、その受益の限度において、徴収する（224条）。

#### ③ 使用料

許可を受けてする行政財産の使用又は公の施設の利用について、あるいは、旧来の慣行により市町村の住民中特に公有財産を使用する権利を有する者から、その使用について、徴収する（225、226条）。

#### ④ 加入金

旧来の慣行により市町村の住民中特に公有財産を使用する権利を有する者

がある場合に、その公有財産を新たに使用する許可を受けた者から、その許可について、徴収する（226条）。

### ⑤　これらの規定に関する規制（228条）

・手数料、分担金、使用料、加入金に関する事項は、条例で定めなければならない。

・手数料については、全国的に統一して定めることが特に必要と認められるものとして政令で定める事務（標準事務）にあっては、地方公共団体の手数料の標準に関する政令で定めるところを標準として条例で定めなければならない。

・これらの徴収に関しては、原則として、条例で５万円以下の過料を科する規定を設けることができる。

・詐欺その他不正の行為により、これらの徴収を免れた者については、条例で、その免れた金額の５倍に相当する金額以下の過料を科する規定を設けることができる。

＊手数料についての法律の規定例

・条例に委任している例

風俗営業等の規制及び業務の適正化等に関する法律

（手数料）

第43条　都道府県は、…の許可…に係る手数料の徴収については、政令で定める者から、実費を勘案して政令で定める額…を徴収することを標準として条例を定めなければならない。

・国に納付する例

建築基準法

（手数料）

第77条の65　…の登録又は登録証の訂正若しくは再交付の申請をしようとする者…は、政令で定めるところにより、実費を勘案して政令で定める額の手数料を国に納めなければならない。

なお、条例で手数料等の徴収について規定する場合、対象事務を定めた個々の条例において規定することも、様々な事務に関する手数料等を一括して（手数料条例のようにして）規定することも可能である。

## ③ 立入検査・報告徴収

### (1) 規定内容

法令の適正な執行を確保するため、行政機関が関係者から報告を徴収したり、行政機関の職員が、関係者の事務所等に立ち入って、帳簿書類等を検査したりする必要がある場合がある。報告徴収は、他の行政機関からのものもあるが、一般的には私人を対象とする。立入検査も一般的には私人を対象とする。これらは、法令の適正な執行を確保するための監督手段として採用される。この場合、私人に、報告したり、立入りを受け入れ、検査を受けるという義務を課するものであるから、法律、あるいは、条例に基づくことが必要となる。

### (2) 規定例

規定の例としては、報告徴収と立入検査を別個のものとする場合と、両者をまとめて規定する場合とがある。また、報告徴収は、資料の提出とまとめて規定する場合があり、立入検査は、物品の収去と併せて規定する場合がある。いずれの場合にせよ、その権限の実効性を担保するため、報告をしなかったり、虚偽の報告をしたり、立入りを拒否したり、検査を妨害したりしたときについて、罰則を定めるのが通例である。

### (3) 留意事項

法律にせよ、条例にせよ、これらの規定を設ける場合は、次の点に留意しなければならない。

① これらの権限は、私人に義務を課し、その自由を制限するものであるから、法令の目的達成のために必要最小限度において認められる。そのような限定を明示する必要がある。通常、「この法律（条例）の施行に必要な限度

において」などの要件を規定するが、より具体的に「○○事業の適正な運営を確保するため必要があると認めるときは」などと規定する場合もある。一般論としては、できる限り具体的にするべきである。

② 報告事項については、「事業に関し」「業務及び財産の状況に関し」というように規定する場合が多いが、「採捕の状況その他の必要な事項に関し」などと具体的な事項を規定する場合もある。

③ 立入場所については、検査が必要で、かつ、可能である場所を明示する。「事務所」「事業所」「事務所その他の施設」などが一般的であるが、この場合も、具体的に「古物商の営業所、古物の保管場所、古物市場又は…競り売り…の場所」というように規定する例がある。

④ 検査対象については、「業務の状況」「帳簿、書類その他の物件」などと規定する例が多い。より具体的に「第○条の規定により付した条件の遵守又は第△条の規定による措置の実施の状況」などと規定する例もある。

⑤ 立入検査を行う者については、その者が正当な権限に基づくものであることを明らかにする必要がある。このため、立入検査をする職員は、その身分を示す証明書を携帯し、関係者に提示することを定めるのが通例である。古い例では、関係者の請求があった場合に当該証明書を提示する旨を規定するものがあるが、その請求の有無にかかわらず提示することとすることが適当である。

⑥ 立入検査は、行政上の監督の必要とその限度において行われるものであり、刑事手続として行われるものではない。したがって、刑事手続についての令状主義を定めた憲法第35条とは直接関係はない。その旨を明らかにするため「犯罪捜査のために認められたものと解釈してはならない」とする解釈規定を置くのが通例である。

⑦ これらの権限は、罰則で間接的に強制するという手段によって担保されるが、その罰則においては、構成要件が明確になるように規定することが必要である。

## ④ 行政手続とその特例

### (1) 規定内容

行政手続法は、行政運営における公正の確保と透明性の向上を図り、国民の権利利益の保護に資するために、申請に対する処分、不利益処分等を行う際の手続を定めている。原則として、各法律に基づく行政の執行に対してこの法律は適用されるが、個別の法律においては、この法律の特例を定めることがある。その特例としては、行政手続法より慎重な手続、あるいはその事柄の性質上行政手続法とは別の手続を採用する場合の特例と、行政手続法の規定とは異なるところにより聴聞を行うとする特例とがある。前者の場合は、行政手続法の適用除外を併せて規定し、後者の場合は、行政手続法の規定にかかわらず、聴聞などを行うとする規定を置くことになる。

### (2) 地方公共団体の手続

条例・規則に基づいて地方公共団体の機関がする処分については、行政手続法は適用されない（行政手続法３条１項）。しかし、地方公共団体は、これらの処分、行政指導及び届出の手続について、同様の措置を講ずる努力義務が課されている（同法46条）ので、行政手続条例を制定している地方公共団体が多い。したがって、行政手続条例を制定している場合は、国の行政手続法と同様に、個別の条例においてその特例を定めることがあるし、制定していない場合には、必要に応じて個別の条例で行政手続に関する規定を設けることがある。

### (3) 不利益処分についての手続

行政手続法に準ずるならば、許認可の取消しのように処分を受ける者にとって権利侵害の程度が大きい不利益処分については、聴聞の手続をとり、それより軽微な程度の不利益処分については弁明の機会の付与の手続をとる。地方公共団体の条例においても、これらの特例を定める場合には、国の行政手続法の特例と同様なものとなるだろう。

### ⑷ 諮問・公聴等

これらのほか、行政の方針を定めたり、行政計画を定めたりする場合に、学識経験者から意見を聴取したり、広く意見を公募したりすることがある。これらは、諮問や公聴といった制度であり、聴聞とは異なるので注意を要する。また、行政不服申立てにおいて、口頭審査（審理）を行う場合があり、これを聴聞ということがあるが、これも行政手続上の聴聞とは異なる。

## ⑤ 委任規定

### ⑴ 規定内容

委任には、権限の委任と下位法令への委任とがある。

権限の委任は、行政機関が法令によって与えられた権限を他の行政機関に委任することをいう。権限の委任は、法令によって与えられた権限の所在の変更だから、法令にその旨の規定が必要である。ただし、権限を定める法令よりも下位の法令で権限の委任をすることはできない。もっとも、委任される権限の種類や範囲を下位法令に委任することは可能である。

下位法令への委任は、法令の実施に関する事項・細目を、下位法令に委任するものである。個別の規定で「政令で定める○○」や「○○省令で定めるところにより」などと定める場合と、ある一定事項をまとめて下位法令に委任する規定を置く場合とがある。雑則に置かれる下位法令への委任の規定は、例えば「この法律に定めるもののほか、この法律の施行に関し必要な事項は、政令（○○省令）で定める」のようにする。

### ⑵ 地方公共団体の場合

条例においては、下位法令への委任は、形式的効力は同等ではあるが、長の定める規則とするのが一般的である。そのほか、委員会規則等もある。どのような下位法令にするかは、委任する事項による。委任規定としては、法令の場合と同様、個別の規定に置かれる委任と、雑則（さらにその末尾）などに置く一般的な委任とがある。なお、委任を受けて制定する規則は、「○○条例施行規則」などの題名の下に、一つの規則としてまとめるのが一般である。ただし、長の定める規則と委員会の定める規則との両方がある場合には、法としての種類も形式的効力も異なるので、その両方を一本化することはできない。

# 5 罰則

## ① 罰則の意義

### ⑴ 規定内容

罰則（規定）とは、刑罰や過料を科す旨を定める規定をいう。

罰則には、その性質上、刑事罰と行政罰とが区別される。刑事罰は、法の規定を待つまでもなく当然反社会的である行為に対する罰則であり、行政罰は、行政上の目的を達成するために課した義務に違反する行為に対する罰則である。通常、刑事罰は、罰則規定中に構成要件とこれに対する刑罰とを完結された形で規定する。これに対して行政罰は、実体規定の中に義務を課する規定を置き、罰則にはこれに違反した場合に一定の刑を科する旨を規定する。ただし、この区別は相対的なものともいえる。

### ⑵ 留意事項

罰則を設けるについては、次の点に留意しなければならない。

第１に、罰則は、原則として、法律で定めなければならない。憲法に定める罪刑法定主義の原則（31条）からは、どのような行為が罪となるのか、これに対してどのような刑が科されるのかを、法律によって明確に規定することが要請される。法律に委任する旨の定めがあれば政省令でも罰則を定めることができると解されているが、実際の例は稀である（憲法73条６号）。なお、条例・規則については、P135を参照。

第２に、法令上の義務違反に対して罰則を規定する必要性を慎重に検討しなければならない。罰則は、法的な強制手段のうち、人の生命・自由・財産について制限を加えることによって、その最終的な遵守あるいは義務の履行を担保しようとするものであり、しかも、その制限は国の権力及び機構によって強制的に実現されるものである。このような強力な手段であるから、罰則以外の行政上の措置等でその遵守や義務の履行を担保することができるなら、罰則を用いる必要はない。

第３に、刑罰を科するとしても、どの程度の刑を科するかを検討しなければならない。一般的には、その義務違反が、直接的に社会の法益を侵害するならば刑罰を科し、単に社会の秩序を乱す程度なら過料（秩序罰）を科するとされている。また、具体的に法定刑を定める際にも、法益の程度、その侵害の違法性の程度、一般的な法感情、類似する法令の規定を参照して、均衡がとれた刑を定める必要がある。

第４に、罰則を規定するに当たっては、その内容を明確に定め、どのような行為が罰せられるのか、どのような行為をしたことによってその罪が既遂となるのか、について、疑問が生じないようにしなければならない。

## ② 罰則規定の構成

### ⑴ 規定内容

行政罰を定める罰則は、本則の後半部（「雑則」があればその後ろ）にまとめて置くのが一般である。章とする場合には章名を「罰則」とし、その章の各条文には見出しを付さない。また、章としない場合は、先頭の条の前に共通見出しとして「（罰則）」を付する。

罰則は、複数の規定で構成される場合には、法定刑の重さによってグループ化し、重いものから軽いものへ順にそれぞれのグループを配列するのが通例である。また、同じグループ内では、条名の数の順に配列する。両罰規定は、その関連する罰則規定の直後に置く。もっとも、これらは絶対的な規準ではない。

これに対し、刑事罰を定める罰則は、通常、法令の最初から順次置かれる。刑事罰を定める法令は、刑法のように、その法令全体が罰則及びこれに関連する規定で構成されることが多い。

### ⑵　構成要件

どのような行為が犯罪として処罰されるか、その犯罪の成立要件を、犯罪構成要件あるいは単に構成要件という。犯罪構成要件を明確に規定することが重要であることは前述したが、その規定の構成は、刑事罰では、構成要件に該当する行為をした者は、一定の刑に処するとする。行政罰では、別に定める義務規定に違反する行為をした者は、一定の刑に処するとする。後者の場合、義務規定と罰則とによって犯罪構成要件が明確かどうかを検討する必要があり、明確を欠くおそれがあるような場合には、罰則においてどのような違反行為が犯罪となるのかを具体的に定める必要がある。

＊罰則規定の例

注）刑法等の一部を改正する法律（令和４年法律第67号）によって、懲役及び禁錮は拘禁刑に改められる。以下の例も、そのように改正される。以下「(拘禁刑)」と付記する。

１）刑事罰

人を殺した者は、死刑又は無期若しくは５年以上の懲役（拘禁刑）に処する。

２）行政罰

・義務規定

市長は、（事業者が）……の条件に違反したときは、期間を定めてその事業の全部又は一部の停止を命ずることができる。

・罰則

第○条の規定による命令に違反した者は、２年以下の懲役（拘禁刑）又は50万円以下の罰金に処する。

３）義務規定と罰則における構成要件の明確化

・義務規定

委員は、職務上知ることができた秘密を漏らしてはならない。その職を退いた後も同様とする。

・罰則

第○条の規定に違反して秘密を漏らした者は、１年以下の懲役（拘禁刑）又は30万円以下の罰金に処する。

・既遂時期の明確化

例えば、ある事項について市長に届け出る義務を課し、この義務に違反して届出をしなかった者を処罰する場合、実体規定の中で届出の期限を明らかにしておかなければ、届出義務に違反したという既遂の時期が不明確となり、ひいては処罰できないということになりかねない。したがって、以下のように規定することになる。

指定地域内において、その営む事業に係る工場又は事業場に特定施設を設置しようとする事業者は、当該特定施設の設置の工事の開始の日の30日前までに、次の事項を市長に届け出なければならない。

## ③ 条例における罰則

### ⑴ 罰則の根拠

条例には刑罰と秩序罰とを定めることができるが、規則では原則として過料（秩序罰）に限定される（地方自治法14条３項、15条２項）。刑罰は、条例に違反した者に対し、２年以下の懲役若しくは禁錮（拘禁刑）、100万円以下の罰金、拘留、科料又は没収の刑を科することができ、過料は、条例、規則ともに原則として５万円以下である。

個別の法律の規定の委任がなくても、この規定に基づいて、条例で罰則を定めるのは、罪刑法定主義を定めた憲法第31条に反しないと解されている。

### ⑵ 個別法に基づく罰則

この地方自治法の規定は、「法令に特別の定めがあるものを除くほか」と規定しているので、個別の法律の規定において、条例違反についてこれら以外の罰則に関する定めを置いているならば、それに従うことになる。これには、刑罰の範囲を拡大する場合（例えば300万円以下の罰金）と、限定する場合（例えば１年以下の懲役又は禁錮（拘禁刑））とがある。

### ⑶　罰則の制限

条例は、地方公共団体の事務について定めるものであるから、当然に、その事務に関する条例違反に対して条例で罰則を定めることになる。したがって、刑事罰は、原則として法律によるべきであり、条例で定めることは考えにくい。

また、条例は、法令に反しない限りにおいて定めることができる、という原則は、罰則に関しても適用されるのは当然である。したがって、法令の規定から、条例で罰則を定めることを予定していないと解釈される場合には、罰則を定めることはできないと解される。

＊条例の罰則と法令との関係——消防法の例

消防法第９条の４は、危険物、指定可燃物等の貯蔵及び取扱いの技術上の基準を市町村条例で定める旨を規定し、同法第46条は、「第９条の４の規定に基づく条例には、これに違反した者に対し、30万円以下の罰金に処する旨の規定を設けることができる。」としている。この第46条の規定は、地方自治法第14条第３項に定める「法令に特別の定め」に該当するので、条例では30万円以下の罰金に限定して規定を設けることになる。つまり、この法律の委任に基づく条例では、その規定違反に対しては、懲役・禁錮（拘禁刑）はもちろん、罰金でも30万円を超えるものを規定することはできない。

他方、消防法第９条などの規定に基づいて、地方公共団体がいわゆる「火災予防条例」などを制定しているが、第９条に基づく条例については、その違反に関して第46条のような規定は存在しない。では、地方自治法の規定に基づいて罰則を定めることができるかというと、第９条に基づく条例の制定事項の内容、これらに対する行政処分による実効性の確保、第９条の４に基づく条例との対比、第46条で罰金を限定している趣旨、第９条に基づく条例の違反について何ら触れていないこと、などを総合的に判断すると、第９条に基づく条例の違反については罰則を設けることができない趣旨と解することが妥当だろう、という結論になる。これは地方自治法第14条第１項の「法令に違反しない限りにおいて」条例を制定することができるという原則に基づくものである。なお、市町村の制定するいわゆる「火災予防条例」には、消防法第９条に基づかない事項も定められるのが通例である。これらの事項には地方公共団体の事務としてのものがあり、これに違反した者については、地方自治法第14条第３項に基づいて刑罰を定めることができることは当然である。

## ④ 法定刑

### ⑴ 意義

個々の罰則規定に「○年以下の懲役（拘禁刑）」「○○円以下の罰金」などのように定められている刑のことを「法定刑」という。法定刑は、ある程度の幅を持って規定するのが一般的であり、具体的な事件の量刑は、その範囲内で情状に応じて裁判所の判断に委ねるのが望ましいと考えられている。

### ⑵ 刑の種類

法定刑は刑法総則の規定に従う。刑法には、次のような刑の種類が規定されている。このうち没収が付加刑であり、他が主刑とされる（９条）。付加刑は、単独で科されることはない。必ず主刑に付して科される。

- **死刑**　刑事施設内において絞首して執行する（11条）。
- **懲役**　無期懲役と有期懲役があり、有期懲役は１月以上20年以下で、刑事施設に拘置して所定の作業を行わせる（12条）。
- **禁錮**　無期禁錮と有期禁錮があり、有期禁錮は１月以上20年以下で、刑事施設に拘置する（13条）。
- **罰金**　10,000円以上（15条）
- **拘留**　１日以上30日未満で、刑事施設に拘置する（16条）。

・**科料**　1,000円以上10,000円未満（17条）

・**没収**　没収することのできる物の範囲は、犯罪行為を組成した物などが法定され、かつ、原則として犯人以外の者に属しない物に限られる（19条）。また、犯罪行為の報酬として得た物などが没収できないときは、その価額を追徴することができる（19条の２）。

注）懲役・禁錮は、拘禁刑となる。拘禁刑は、無期及び１月以上20年以下の有期で、刑事施設に拘置する。改善更生を図るため、必要な作業を行わせ、又は必要な指導を行うことができる（令和４年法律第67号による改正後の12条）。

### (3)　条例で規定できる法定刑

条例で定めることができる法定刑は、原則として次のようになる。

・**懲役・禁錮（拘禁刑）**　２年以下に限定されるから、無期は当然に規定できない。短期を規定しなければ、１月以上という意味になる。通常は、長期のみによって規定する。短期を規定する場合には、「６月以上２年以下」のように表現する。

・**罰金**　100万円以下に限定される。下限は、刑法にあるように１万円となる。通常は、上限のみを規定する。下限を引き上げる場合には、上限と下限とを明示する（例えば「３万円以上30万円以下の罰金に処する」）。

・**拘留・科料**　通常は、刑法の規定によることとし、上限・下限を画することはしない。

・**没収**　没収ができる物は法定されているので、これに従わなければならないが、主刑を定める条例で没収刑を規定しなくても、刑法に基づいて裁判所がその裁量でこれを科することができると解されているようである。

＊条例における刑罰に関する若干の問題

条例において「没収」の規定を設けなくても、刑法の規定によって裁判所は没収刑を科することができる、とするのが行政実例である（昭

26.4.14)。没収は付加刑であり、没収できる物も刑法で限定されているから、主刑が条例で定められていれば、条例に没収の規定がなくても、付加刑としてこれを裁判所は科することができる、と考えるようである。確かに、刑法の規定で可能と解することには理由があるし、それで不都合は生じないと思われる。しかし、条例で設けた刑罰に付随して没収刑を科するには、やはりその条例でその旨を規定する必要がある、と解することも可能であろう。没収であっても、刑であることに違いはなく、刑を科するには明文の規定の根拠が必要であり、地方自治法第14条第３項で没収を規定している趣旨は、まさにその意味である、とも考えられるからである。とはいえ、実際上は、刑法が没収できる物を一般的に規定し、特別規定として必要的没収を定めているので、その法令の範囲内でどのような規定を条例で設けられるのか、あまり明確ではない。刑法の定める物以外に没収の対象となり得るものは考えがたいし、必要的没収を定めることも可能なのかどうかも問題である。没収刑を条例で定められることの意味を、行政実例はどのように考えているのか、何も触れていない。

同様に、同じ行政実例では、条例で、併合罪ではない罪について罰則を併科する旨を規定することができない、とする。もちろん、法律においても併科の例は少なく、併科は特別だから、地方自治法にその旨が規定されていない以上、条例で定めることはできない、という考えであろう。これについても、地方自治法の規定の趣旨をどう考えるか、という問題があり、併科は可能と解することもできないではないだろう。実際の起案に際してはあまり必要性もなく、問題にもならないと推測されるが、現在の地方自治の状況に鑑みて、古い行政実例の再検討も必要ではないか。

## ⑤ 両罰規定

### (1) 意義

両罰規定とは、犯罪の行為者本人のほかに、その行為者を監督する責任を有するなど一定の関係にある他人に対しても刑を科する旨の規定をいう。この規定を設ける背景には、犯罪理論上、特別の規定を置かない限り、犯罪は自然人が行うものであり、法人には犯罪能力がないから、原則として処罰の対象は行為者である自然人でなければならない、とする考え方がある。また、自然人であっても、他人のした行為について責任を負わせることは原則としてできない、とする考え方もある。このような考え方に立って、犯罪行為をした者のほかに、その属する法人やその者を監督する責任を有するなど一定の者にも刑を科するには、特別な規定が必要であるとされている。

### (2) 必要性と規定内容

実際には、犯罪の種類によっては、その行為者である自然人を処罰するだけでは行政目的など規定を設けた目的を達成しにくいということもあり得る。例えば、条例に基づいて、ある事業者に対し、事業の停止命令を発したにもかかわらず、営業活動を行った場合に、停止命令違反で処罰されるのは、法人ではなく、その会社の代表者、幹部職員等の自然人ということになる。それでは、その違反によって利益を得ている事業の主体としての法人に対して、何の制裁も加えられず、その事業の停止を命じることができるとした条例の趣旨が生かされないこととなる。このことは、個人事業者の場合にも該当する。このような場合には、特別に、事業者である法人や個人にも刑を科することができるようにする必要があり、そのために両罰規定を置くことになる。なお、両罰規定で事業者等が処罰の対象となるのは、犯罪がその事業者の業務に関して行われた場合に限られるのは当然であり、またその科せられる刑は罰金その他の財産刑に限られる。

両罰規定については、特に法令に定めがなくても、条例でこれを定めることができる、と解されている。

## ⑥ 秩序罰（過料）

### (1) 意義

罰則には、行政上・民事上・訴訟手続上の秩序を乱す程度の行為に対する制裁として科する過料も含まれる。これを秩序罰という。これに対して刑罰は、一般に社会の法益を侵害する行為に対して科するものと考えられている。ただし、刑罰と秩序罰の間には明確な区分基準は見出しがたい。

### ⑵ 処分手続

刑罰を科する手続は、検察官が裁判所に起訴し、裁判所は刑事訴訟法に基づいて訴訟を判断し、判決を下す。その執行は国において行われるから、条例違反による罰金等についても、その金額は地方公共団体の収入とはならず、国庫に帰属する。また、過料には刑法総則や刑事訴訟法の適用はなく、法律に基づく過料を科する手続は、非訟事件手続法（平成23年改正後の119条～122条）による。その金額はやはり国庫に帰属する。

これに対して条例・規則に基づく秩序罰である過料は、地方公共団体の長が科し（地方自治法149条３号）、その額は当該地方公共団体の収入となる。長が過料の処分をしようとする場合には、処分を受ける者に対し、あらかじめその旨を告知するとともに、弁明の機会を与えなければならない。その処分について不服がある者は、審査請求をすることができる。また、異議申立てもすることができる。審査請求に対する裁決に不服がある者は、さらに再審査請求をすることができる（同法255条の３）。

過料が納期限までに納付されないときは、地方公共団体の長は、期限を指定してこれを督促し、さらに当該期限までに納付されないときは、地方税の滞納処分の例により処分することができる（同法231条の３）。

### ⑶ 過料の両罰規定

過料は、以上のような取扱いをするように位置付けられているので、条例・規則に基づくものも、原則として秩序罰としての性格を持つものということができる。秩序罰は、前述のように秩序を乱す行為に対する制裁であるので、その行為をした者に対して科するものであり、法人の犯罪行為能力等に絡んでいる両罰規定には原則としてなじまない。法律で過料について両罰規定を定める例はなく、条例・規則でも同様に解される。

第7章

# 附則の構成と規定の種類

# I 附則の構成

## ① 附則規定の種類と構成

### (1) 種類

附則には、本体的な規定に付随する内容の規定や本体的な規定に伴って必要となる規定をまとめる。何が付随し、何が必要となるかの判断基準は、必ずしも明確ではないが、通常、附則に置く規定は類型としてほぼ決まっている。一般的に、施行期日に関する事項、規定の適用区分など適用に関する事項、効力に関する事項、経過規定あるいは経過措置に関する事項、関係法令の改廃に関する事項などが、附則に定められる。

### (2) 規定の順序

これらの規定は、一般的に、上述の順序で置かれる。特に、施行期日に関する事項は、附則の冒頭に置くのが通例であり、これに例外はない。他の規定については、場合によっては若干の前後が生じるが、それは論理的に説明し得るものとするのが一般である。

## ② 附則の形式

### (1) 表示と構成

附則には、「附　則」という表示をする。その後に規定を並べるが、項で構成する場合と条で構成する場合とがある。どちらが原則というわけではない。比較的には、２～３の項目だけの場合は項で構成する傾向にあるが、必ずしもそうしなければならないわけではない。項、条、いずれの構成であっても、原則としてこれに見出しを付するのが一般的である。ただし、項目が少ないときは見出しを省略することもある。

### (2) 書式

附則は、項であっても条であっても、改めて1から（第1項、第1条から）始める。ただし、古い法令では、本則から通し番号を付する例がある。また、法律の施行期日をその委任に基づいて定める政令や、条例の施行期日をその委任に基づいて定める規則では、その施行期日を定める必要がないと解されているので、通常は附則が置かれない。

# 2 施行期日

## ① 施行期日に関する規定

### (1) 原則

附則には、その法令の施行期日に関する規定を置くのが一般的である。施行期日を定めない場合、法律であれば、公布の日から起算して20日を経過した日から（法の適用に関する通則法２条）、条例・規則であれば、公布の日から起算して10日を経過した日から（地方自治法16条３項）施行することになる。

### (2) 準備・周知期間

施行期日を定めるに当たっては、公布日以後、その法令の内容や性格に応じて国民や住民の間にこれに必要な認識が行き渡るのに必要と思われる期間、行政機関が施行に必要な準備をするのに要する期間などを考慮して定めることになる。特に、国民や住民の権利義務に関係する内容のものについては、十分な周知期間を設けることが必要である。

## ② 公布日施行

### (1) 意義

その法令の公布の日から施行することを、公布日施行あるいは公布即日施行といい、もっとも早い時期に施行することになる。ただし、国民の権利を制限し、あるいは国民に義務や不利益を課する場合には、法令の施行は、公布から一定の周知期間を置くべきであるとされているので、公布日施行は避けるべきである。

### ⑵　施行時点

公布の日から施行するとは、観念的には、その日の午前零時から適用される状態になることを意味するが、公布が国民に知らせる行為である以上、その行為がない時点では、法令は適用できる状態にない。最高裁判決は、法律の公布が官報に掲載することによって行われるから、国内における官報の最初の閲読可能時から適用可能状態となると判断し、その具体的事件では、公布時を午前８時30分とした（最大判昭33.10.15刑12-14-3313）。条例・規則においても同様に考えられる。

＊規定例

×××附×則
×この条例は、公布の日から施行する。

＊施行期日を定める政令・規則

法律の委任に基づいてその法律の施行期日を定める政令と、これと同様に、条例の委任に基づいてその条例の施行期日を定める規則は、それ自体の施行期日に関する定めを置かないのが普通である。これらの政令・規則は一定の期日を宣言し、その期日の到来によって元の法律・条例が施行されることになるので、その宣言によって役割を果たしていると考えられ、宣言自体が効力を有している（公布権者によって有効に公布されている）ならば、それで足りる。したがって、その「施行」（適用される状態に置かれる）という観念を必要としない、ということになるわけである。

## ③　公布日後の施行

### ⑴　特定日の施行

公布後一定の時から施行するとするのが一般的であるが、大別して、これには二つの方法がある。一つは、確定期日を定めるもので、１月１日、４月１日などを定める。会計年度、租税の賦課期日などに対応させる例が多い。

二つは、公布の日から一定期間が経過した時から施行するとするものである。刑罰や不利益を課するなどのために、周知、実施準備に必要な期間を確保することが求められる場合である。

また、特定の事実の発生から施行する、とする場合もある。他の法令と制度として一体となる法令の場合には、その制度の中心となる法令の施行の日を基準としてその日から施行したり、その日から一定期間経過後に施行したりすることが多い。法律であれば、条約に基づいて国内法を整備する場合に、国内法の施行はその条約の効力発生の時からとする例も多い。法律の委任を受けた条例であれば、その法律の施行の日から施行するとすることも多い。

### ⑵ 施行期日の委任

他の法令に施行日を定めることを委任する場合もある。法律であれば政令に、条例であれば規則に委任するのが一般的である。委任する場合は、白紙委任とならないよう、具体的に期限を付して委任するのが普通である。このように執行機関の命令に委任するのは、その執行準備や実態把握との関係などから適切な期日を設定できると考えるからである。

### ⑶ 複数の施行期日

施行期日は、一つの法令において一つとは限らない。いくつかに分けて施行期日を異ならせることもあり得る。この場合、原則と例外を明確に区分できるようにすることが必要である。特に一部改正法令では、どの部分がどの施行期日になるのかを明らかにしなければならない。

なお、施行期日が複数ある場合、その法令の施行日は、原則で定められている施行日を指すことになる点に注意しなければならない。

＊確定期日と公布日

本来、確定期日で条例を施行することとしていた場合に、たまたまその確定期日（あるいはその日後）に公布せざるを得なくなり、そのまま公布したときは、その条例は、実際上、公布の時点から施行すると解することになる。確定期日は、何らかの事情があってその特定の日を選択したものであるから、本来、条例の制定手続その他の状況を踏まえているはずで、その確定期日が公布日になってしまう（あるいは確定期日より後に公布される）ことは通常は考えられないし、制定過程においてそのように見込まれるなら、施行期日を変更する修正をするべきであろう。しかし、やむを得ずそのような状態になった場合は、上記のように解せざるを得ないだろう。

＊規定例

・確定期日

×この条例は、令和○年○月○日から施行する。

・公布後一定期間経過後

×この条例は、公布の日から起算して○日を経過した日から施行する。

・施行日の委任

×この条例は、公布の日から起算して○月を超えない範囲内において規則で定める日から施行する。

・施行期日を定める規則の例

×××○○条例の施行期日を定める規則
×○○条例（令和○年◇◇市条例第○号）の施行期日は、令和○年4月1日とする。

・特定の事実

×この条例は、刑法等の一部を改正する法律（令和４年法律第67号）の施行の日から施行する。

（注：この場合、条例の公布の前後を問わず、当該法律の施行期日が確定しているときには、条例集などでは、編集上、「施行の日」の後に「（令和○年○月○日）」のように具体的な施行期日を括弧書きで注記表示するのが通例である。ただし、条例原本に加えるわけではない。）

・複数の施行期日

×この条例は、公布の日から施行する。ただし、第○条の規定は、令和○年○月○日から施行する。

×この条例は、令和○年○月○日から施行する。ただし、第○条の規定は同年□月□日から、第△条の規定は公布の日から施行する。

×この条例は、令和○年○月○日から施行する。ただし、第□条中△△△に係る部分は令和△年△月△日から、□□□に係る部分は公布の日から施行する。

# 3 適用関係

## ① 適用区分

### (1) 適用

適用とは、法令の効力が個別・具体的な事項・人・事象に対して現実に発動することをいう。その前提として、一般的にその効力が発動できる状態に置くことが施行である。一般的には、法令は施行によって現実にその効力を発動できる状態になり、個別・具体の対象にも効力を及ぼすことになるから、改めて適用について規定を置く必要はない。

しかし、法令の規定内容や規定の対象によっては、施行以後の適用対象が必ずしも明確ではない場合がある。例えば、継続した状態や行為が施行時点をまたいで存在する場合や、既存の法令を改正する場合には、新法令が事項・事象にどのように適用されるのか不明確になる。このような場合に、施行された法令が、どのような事項・事象から適用されることになるのか、その適用区分を明らかにする必要がある。

このほか、適用については、施行時より過去に遡って効力を生じたのと同様の取扱いをする遡及適用、また、施行時よりも後の時点まで適用を保留する適用延期・猶予といった措置を採ることがある。このような関係について明らかにするのが適用関係の規定ということになる。

### (2) 適用区分

適用区分を規定する場合、まず、法令の施行前後の法状態（新法・旧法）を対比させ、原則として施行の日を基準にして、それぞれの対象・項目について新しい法状態へどのように移行するのかを確認していく。解釈上疑義が生じるものについては、施行の日以後のどの事象・事項について新しい法令を適用すべきかを確定する。その際、何をメルクマールにするか、明確な指標対象を確定することが必要である。この結果を整理し、まとめることによって、適用区分の規定が構成される。

一般的な適用区分の規定は、一方で「新法の規定は施行の日以後の行為・事項について適用する」とし、他方で「施行の日前の行為・事項についてはなお従前の例による」とする。その両方を規定する例が、どちらかというと多いが、どちらか一方だけを規定することもある。なお、施行の日以後においても旧法を適用する場合、「従前の例による」ではなく、旧法の規定が「なおその効力を有する」とする場合もある。なお、見出しは「(適用区分)」とするが、より包括的に「(経過措置)」とする例も多い。

＊適用区分の例

例えば、「職員の旅費に関する条例」を改正して職員の出張の日当等の額を引き上げ、その改正条例の施行日を４月１日とした場合に、４月１日をまたいで出張する職員、あるいは同日前に出張命令は出たが現実の出発が同日以後になるような職員については、新旧条例のどちらの旅費の規定が適用されるか明らかでない。このような場合には、次のような適用区分の規定を設けて、これを明らかにすることになる。なお、当該条例では、「公務のため旅行する職員に対し」旅費を支給する旨を規定している。

×改正後の職員の旅費に関する条例の規定は、この条例の施行の日以後に出発する旅行から適用し、同日前に出発した旅行については、なお従前の例による。

(注：場合によっては、「出発する」を「完了する」、「出発した」を「完了した」とすることもある。改正内容とその実質的な取扱いの判断によって使い分ける。)

## ② 遡及適用

### (1) 意義

法令は、施行された時から適用できる状態になり、その時点以降の事象に適用されるのが原則である。しかし、国民・住民に利益になるなど、場合によっては、施行時点より以前の過去の事象にも適用することが望ましいことがあり、例外的にこのような遡及適用を定めることもある。

遡及適用は、法令の規定を過去においてある事象に適用したのと同じ法的効果を、施行日以後において認める、という意味を持つ。つまり、施行日以後にそのように取り扱う、ということであって、過去の法的な状態や適用関係を遡って覆すという意味ではない。

### (2) 遡及適用の限界

遡及適用は、一般的には法的安定性を損なうものであり、特に不利益を与え、刑罰を科するといった規定については認められない（憲法39条）。遡及適用が利益となるような場合に限定されなければならないが、それでも法的安定性や法の下の平等などに照らして検証する必要がある。

＊規定例

・新規制定条例の場合

×この条例は、公布の日から施行し、令和○年○月○日から適用する。

・一部改正条例の場合

×この条例は、公布の日から施行し、改正後の○○条例の規定は、令和○年○月○日から適用する。

（注：これらの場合の「令和○年○月○日」は、公布日より前の日である。また、単に～日から適用する、とするのではなく、～日以後に生じた事象から適用する、など、適用対象を明示した方がよい。）

## ③ 適用の延期・猶予

### (1) 意義

施行は、法令を適用状態にすることであるから、施行しておいて適用を延期することは、通常は考えられない。適用対象全体について、あるいは適用対象が区分できる場合のその区分された一部について適用を延期するものであれば、施行日をそのような時期に設定すればよい。しかし、場合によっては、施行しておいて、適用対象の一部について特に適用を延期したり猶予したりし、又は実質的に適用を停止することもないではない。ただし、経過措置として考えるのが一般的である。なお、延期によって法の下の平等が損なわれないよう留意する必要がある。

### (2) 類似の方式

法技術的には、適用延期という方式を採るよりも、施行日以後一定期間は適用しない（適用除外）、一定期間適用を停止する（適用停止）、あるいは、税であれば一定期間その税を課さない（課税特例）といった形を採ることが多い。

＊規定例（適用除外期間）

> ×第○条から第◇条までの規定は、……に該当する者については、令和○年○月○日までの間は、適用しない。

# 4 効力に関する規定

## ① 効力の終期

### ⑴ 意義

通常、法令にその時間的効力の終期を規定することはない。何らかの措置を取らない限り、制定された法令は、いわば永久に効力を維持することになる。

時間的効力の終期を定める方法としては、その法令を廃止するか、全部改正して旧法令を実質的に廃止したのと同様の状態にするか、その法令で終期を規定するか、大別して三つがある。これらのうち、その法令で終期を規定する法令を「限時法」といい、その法令を定立することを「時限立法」という。

### ⑵ 限時法

限時法は、一定期間のみ適用を予定する法令であるから、臨時的、応急的、特例的、暫定的といった内容や措置について規定するものである。その定めた終期が到来することによって、当然にその効力を失うことになる。したがって、効力を失う際の主な経過措置も併せて規定しておくことがある。

### ⑶ 廃止方針

限時法や法令の廃止と異なるものに、ある期限までに廃止するという方針を規定する場合がある。その法令では単に一定期限までに「廃止するものとする」とし、実際の廃止は他の法令によって行う。廃止に伴う経過措置は、その廃止する法令で規定することになる。

＊失効の期限の規定例

×この条例は、令和○年３月31日限り、その効力を失う。

（注：理論的には、３月31日の午後12時まで効力を有し、４月１日午前零時に効力を失う。）

×この条例は、この条例の施行の日から起算して５年を経過した日にその効力を失う。

（注：５年経過した日の午前零時に効力を失う。）

＊廃止方針の規定例

×この条例は、令和○年○月○日までに廃止するものとする。

×この条例は、令和○年○月○日までの間に廃止するものとする。

（注：これらの場合は、別に廃止のための条例が必要となる。）

## ② 効力の停止

### ⑴ 意義

公布され、施行された法令の全部又は一部について、その効力を停止することがある。停止されると、当然にその法令は適用されないことになる。停止は、失効や廃止と異なり、これを解除すれば法令の効力は復活することになる。通常、全部の停止は、他の法令によって行うのが例であり、その法令の附則で行う例はない。

法律の停止の例としては、陪審法を停止した「陪審法ノ停止ニ関スル法律」、財政構造改革の推進に関する特別措置法を停止した「財政構造改革の推進に関する特別措置法の停止に関する法律」がある。また、実質的に停止したのと同じ効果を持たせる例として、「地価税法の規定にかかわらず、当分の間、地価税を課さない」、とするものがある（租税特別措置法71条）。この場合は、地価税法自体は効力を（潜在的に）有している。

### ⑵　規定の方法

法令の一部を停止することは稀であるが、適用対象の一部に対して、当分の間など一定の期間、適用しないとする広い意味の適用除外を行うことがある。これを停止と表現する場合もある。部分的な適用除外や停止は、附則に規定するのが一般である。

＊法律の停止の規定例

・財政構造改革の推進に関する特別措置法の停止に関する法律

×財政構造改革の推進に関する特別措置法（……）は、別に法律で定める日までの間、その施行を停止する。

＊一部停止の規定例

・公職選挙法附則

×戸籍法（……）の適用を受けない者の選挙権及び被選挙権は、当分の間停止する。

# 5 経過措置

## ① 経過措置と経過規定

経過措置とは、一般的に、法令の制定改廃に際し、旧の法秩序から新しい法秩序へ円滑に移行することができるようにするための、経過的・調整的な措置をいう。例えば、従来届出制を採用していた制度を許可制に変更する場合に、即時に制度の切り替えをすることは、いたずらに社会生活や当事者を混乱させることにもなり、好ましいことではない。このような場合、例えば、届出をしていた者については一定の猶予期間を認め、その間に許可申請をするように促すなどの措置が必要となる。こういった、従来の制度下の地位や利益を保護し、あるいは移行のための暫定的な特例を設ける等の経過措置を定める規定を経過規定ともいうが、通常は、単に経過措置という。なお、適用区分を前提として、その上でどのようにその移行を図るか、が経過措置の問題であるが、規定の見出しでは、適用区分も含めて経過措置と総称する例が多い。

## ② 経過措置の事項と内容

### (1) 経過措置の必要

経過措置の必要となる事項は、一律に定まるものではないが、ある程度は論理的に導かれることになる。一般的には、どのような事項について経過措置を要するかは、適用区分を前提として、新・旧の法状態を対比させ、その連続性と移行上の問題点を整理することによって決定されてくる。

経過措置の内容も、一律には決められないが、政策的な判断や考慮によって決められることが多い。一般的には、適用区分に関する規定、旧法下における行為・物・状態などの効力や引継ぎなどに関する規定、移行に関する暫定的な措置の規定、罰則の適用に関する規定などが含まれる。

### (2) 留意事項

一般に、経過措置を講ずる場合には、次のような点を考慮すべきだと考えられている。

・既得の権利・地位の保護の要請
・権利・地位の急激な変動を緩和するための暫定的な特例の必要
・不利益を与える旧法の規範の効力の維持
・施行前の準備行為など必要な手続についての本則規定の補充
・本則規定の施行に伴う例外・特別措置の必要

## 3 経過措置における取扱い

### (1) 経過措置の考え方

経過措置においては、旧法下における行為・物・状態などの効力や引継ぎをどうするかが中心的な課題となる。行為については、法を執行する側の行為と、規制などを受ける側の行為とに分けて考えるのが一般的である。執行側のいわゆる行政処分については、包括的に、あるいは個々の行為について、その効力を引き継ぐ場合もあるし、一定期間、旧法の効力を維持しながら、その期間経過後は効力を失わせる場合もある。これに対して、規制等を受ける国民の側の行為については、旧法下の行為の効力はできる限り引き継ぐようにするのが原則である。

物についても同様な考え方が妥当し、例えば免許証や許可証などは引き継いでそのまま効力を認めたり、一定猶予期間内に交換を行ったりするのが一般的である。

法的な状態あるいは法的な秩序の変動については、新たに制限・制約を課する場合には、制限・制約がなかった状態を一定期間保護する、あるいは、一定期間新たな制限・制約を課することを猶予する、といったことや、新たな要件よりも緩やかな要件で引継ぎを認める、といった措置を採るのが一般的である。

### (2) 例外措置

激変緩和のための暫定措置では、比較的短期間で本則の原則へ移行させるのが普通であるが、期間を明示せずに、本則の原則を目標としてしばらくは例外的に緩和された法状態とする、というものもある。このような措置では、社会情勢など一定の条件が満たされる場合には本則に移行する意味を含ませて、「当分の間」の例外措置とすることが多い。

## ④ 罰則に関する経過措置

### (1) 意義

法令の改廃時より前に行った行為について、改廃後に裁判を行う場合、経過措置を置かなければ、刑罰の廃止であれば免訴（刑事訴訟法337条２号）となり、刑の変更であれば軽い方を適用する（刑法６条）ことになる。このような結果が妥当と判断される場合もあるだろうが、逆に、同じ違法行為をした者の間に不平等・不均衡が生じ、社会の公平の観点から、妥当とはいえないと判断される場合もある。このような判断に立ち、改廃後も従前どおりに処罰できるようにするための措置が、罰則に関する経過措置である。なお、この考え方は、不利益を与える規範の変更一般についても同様に妥当し、この場合も旧法の規範の効力を維持することになる。

### (2) 規定内容

罰則に関する経過措置は、施行前にした行為に対する罰則の適用を従前の例によることとする、つまり罰則の改廃にかかわらず、施行前の罰則がそのまま適用になる扱いとする、とするのが一般的である。このほか、改廃前の罰則の適用対象には、他の経過措置により「従前の例によることとされる事項に係る施行後にした行為」も含まれることを明示することがある。他の経過措置によって、ある事項に関する扱いが従前の例によることとされた場合、その事項に関する違反行為に対して罰則が規定されていれば、施行後においてその違反行為をしたときは、それも従前の例によることとなって、旧法の罰則が適用になると解されるが、これを明らかにすることになる。

＊規定例

×この条例の施行前にした行為及び附則第○条の規定によりなお従前の例によることとされる事項に係るこの条例の施行後にした行為に対する罰則の適用については、なお従前の例による。

# 6 既存法令の改廃

## ① 他法令の整理

### ⑴ 意義

ある法令を制定する場合、法体系の整合性を確保するため、他の法令を整理する必要が生じる。整理の対象は、同じ法形式の法令である。条例であれば条例を、規則であれば規則を整理することになる。整理は、他の法令を改正したり、場合によっては廃止したりすることによって行う。なお、一般に、「整理」とは、ある法令の制定に伴って当然に必要となる他の法令の改廃を行うことをいう。これに対して整理に際して政策判断を多く含む改廃を行う場合は、「整備」ということが多い。

### ⑵ 規定内容

法令の制定に伴う整理は、原則として、その制定する法令の附則で行い、対象の法令１件ごとに１条又は１項を充てる。その配列・順序は、廃止を先に、改正をその後に置く。改正対象法令が多い場合には、原則としてその法令の公布年・法律番号の順とする。ただし、非常に関係の深い法令を先に置くこともある。また、各省設置法の改正は、最後に置く例が多い。所管官庁ごとにまとめて、それぞれのグループ内で公布年・法律番号順に置くこともある。

なお、経過措置や関係法令の改廃が多くなる場合には、これを附則ではなく、一つの法令（本則）にまとめることがある。法律を例にとれば、主として経過措置をまとめた法律を「施行法」といい、主として他法改正をまとめた法律を「整理法」という。政策判断を多く含んでいる場合には「整備法」とすることが多い。なお、附則によってする整理や整備も、他法令によってする整理や整備も、その効果は同じである。

## ② 他法令の改廃

### (1) 意義

法令を制定することによって、適用対象が同じであるなど、既存の法令が不要となる場合には、新たに制定する法令の附則においてその法令を廃止する。これによって、廃止の理由・経緯が明確になる。廃止に伴って経過措置を必要とする場合には、廃止に続いてその経過措置を定める。

### (2) 規定内容

法令を制定することによって、他の法令を改正することが必要となる場合に、一般的には、附則においてその既存の法令を改正する。一般に他法整理といわれる。最も多い例は、ある改正法令において条項を移動させた場合に、条名や項番号が変更されるため、これを引用している他の法令において、その引用を同じように変更させるものである。

なお、附則で他法の改正をする場合は、その附則の項番号（条名）が付されるため、その改正規定全体が行頭すべて１字ずつ右に移動する（下がる）ことに留意する。

他法改正に伴う経過措置が必要となる場合には、その改正に引き続いてその経過措置を定めるのが一般的であるが、いくつかの法令の改正をし、その後にまとめてこれらに関する経過措置を置くこともある。

＊廃止の規定例（附則第２項とした例）

・廃止対象が一つの場合

×（○○条例の廃止）

2×○○条例（令和○年◇◇市条例第○号）は、廃止する。

・廃止対象が複数の場合

×（□□条例等の廃止）

2×次に掲げる条例は、廃止する。

×(1)×□□条例（令和□年◇◇市条例第□号）

×(2)×△△条例（令和△年◇◇市条例第△号）

＊他法令の改正の規定例

・改正の場合（なお、この改正の施行は附則第１項に定める施行期日による。この場合は附則第５項で改正を行う場合）

×（○○条例の一部改正）

5×○○条例（令和○年◇◇市条例第○号）の一部を次のように改

×正する。

××第2条第1項中「A」を「B」に改め、同条第2項中「C」を

×「D」に改め、同条第3項中「E」の次に「F」を加える。

〔略〕

・改正とこれに伴う経過措置を置く規定例（附則第４項及び第５項として）

×（○○条例の一部改正）

4×○○条例（令和○年◇◇市条例第○号）の一部を次のように改

×正する。

××第2条第1項中「A」を「B」に改める。

〔略〕

×（○○条例の一部改正に伴う経過措置）

5×前項の規定による改正後の○○条例第○条の規定は、この条例

×の施行の日以後に…する□□について適用し、同日前にした△△×については、なお従前の例による。

Basic knowledge of legislation

# 第2部

# 法令の一部改正

# 第1章

# 法令の一部改正

# I 改正の方式

## ① 二つの改正方式

制定された法令は、対象とする事項・事象の変化や政策の目的・内容の変更に応じて、その内容を変更する必要が生じる。

法令内容を変更する場合に、大別して二つの方式が考えられる。一つは、元の法令には変更を加えず、別に新たな法令を付け加える「追加（増補）方式」であり、もう一つは、元の法令そのものに変更を加える「溶け込み方式」である。

## ② 追加・増補方式

追加・増補方式は、新たな内容を新たな法令で規定するため、最新の法令内容そのものは比較的把握しやすく、また、実質的な新たな内容が分かりやすい、という長所がある。反面、元の法令の内容と新たな法令の内容に矛盾が生じた場合は、その効力関係が分かりにくくなり、解釈問題を生じることになる。また、変更が何回も加えられると、実質的に関係する法令の数が増加し、現段階の法令の全体像を知るためには、いくつもの関係する法令をすべて調査しなければならないということになる。

アメリカではこの方式が採られているとされるが、法を制定するほかに、立法の一部の作用として、法典編纂作業が行われている。

## ③ 溶け込み方式

### ⑴ 意義

溶け込み方式は、「改正」という形式によって、元の規定そのものを変更するので、現段階の法令の内容は一目瞭然となるが、改正する法令だけを見ても、どのような実質的な変更が加えられるのか、また、加えられてきたのかを把握することは困難となる。日本は、他のいわゆる大陸系の法体系の国と同様、伝統的にこの方式を採用してきている。

溶け込み方式による改正には、一つの法令全体（本則）を改正する全部改正と、法令の一部を改正する一部改正とがある。一部改正は、法令の部分を特定して、規定の文言や条項などを、改めたり、削ったり、加えたりすることによって行う。

なお、この一部改正の方法として、いわゆる新旧対照表方式がある範囲で使われている。改める、削る、加えるなどによる改正方法であることに変わりはないが、改正部分の特定を改正前後の表によって表示する。基本的に溶け込み方式であることに違いはない。（第３章５を参照）

### ⑵ 一部改正法令の扱い

一部改正は、その改正法令の施行によって、既存の改正対象法令に改正内容が「溶け込んで」その法令と一体となる。したがって、一部改正法令は、通常は、その施行と同時に本則はいわば用済みとなり、その附則だけが実質的に意味があるものとして残る、として扱われている。ただし、制定された法令としては存在しているものであり、本則が消えてなくなるわけではない。

＊溶け込みの作業と法令集

日本の溶け込み方式の場合、溶け込みの具体的な作業は、国の公的な作用としては行われていないため、民間の法令集出版業者の手に委ねられている。もちろん、総務省のホームページや各省庁のホームページで法令のデータベースが公開されているが、これは公的に確定された内容として扱われているものではなく、正確には法令を公布する官報によることとされている。また、地方公共団体においても、現段階における条例・規則を、溶け込み作業を含めて公的に編纂し、公定している例はないようである。日本と同じ法令構造・体系を持ち、日本が法令の近代化においてその多大な影響を受けたドイツやフランスでは、法令編纂作業を国家の義務として行っており、その専門の機関を設けている。

一般の法令集や例規集では、法令又は条例・規則の制定時の附則の次に、その法令等を改正した法令等の附則が、改正の順序に従って掲載されているのが通常である。これは、上記のように、一部改正法令は、改正を受けた法令とは別個の法令であるが、改正（施行）と同時にその役割を終え、実質的には、その附則しか意味を持たなくなると考えられるからである。このように扱われているからといって、一部改正法令が、元の（改正対象の）法令に附属するものと考えてはならない。

# 2 一部改正の形式

## ① 一部改正の形式

### (1) 意義

一部改正法令は、既存の同じ形式的効力を持つ法令の一部を改正する法令であり、改正対象の法令とは別個の法令である。つまり、改正は、制定権者が同じ法形式の法令間において行われるのである。したがって、条例で規則を改正するとか、規則で告示を改正するというような、法形式の異なるものへの改正は行わない。

### (2) 本則・附則における改正

法令の一部改正は、法令の本則で行う場合と法令の附則で行う場合とがある。本質的にその効力において異なるものではないが、附則で行うのは、本則の規定に伴う整理などを行うための改正が一般的である。いずれの場合でも「○○法令の一部を次のように改正する。」という柱書きを置いて、具体的な改正を行う。この柱書きを「改正文」ともいう。

＊「改正」「改正する」

「改正」という用語は、法令の内容を変更することを包括的にいう場合に使われる。全部改正も一部改正も同様である。なお、この場合、全部でなければ、ほとんど全部に及ぶ場合であっても「一部」である。改正の個別・具体的な規定では、「改める」、「削る」、「加える」、「付する」、「とする」（移動）の用語が用いられる。いわば、「改正」はこれらを総称した用語ということもできる。したがって、「改める」と「改正する」を混同しないよう注意する必要がある。

＊全部改正の場合

全部改正の場合、一部改正の柱書きである改正文に対応するのは「制定文」である。制定文は、「○○法令（平成○年法令第○号）の全部を改正する。」とし、題名の次に置かれ、全部改正法令が制定され、施行された後にも、形式的には残る。

## ② 一部改正法令による改正

### ⑴ 意義

本則において既存の他法令を改正する法令を、一般的に改正法令といい、他法令の一部を改正する場合を一部改正法令という。本則において改正を行うということは、その法令は当該他の法令の改正を直接の目的として行うものであることを意味する。

本則で他法令の改正を行う場合でも、一つの法令のみを改正する場合と、複数の法令を改正する場合とがある。複数の法令を改正する場合でも、改正の動機や政策目的が同一であるなど、一つの法令で同時に改正を行うという法制的あるいは政策的な理由が成立することが必要と考えられている。

### ⑵ 本則における改正

本則において、一つの法令を改正する場合と、複数の法令を改正する場合、形式上異なるのは、その法令の題名と本則の構成とである。

一つの法令を改正する場合、題名は「○○法令の一部を改正する法令」とする。題名の次に改正文を置くが、改正対象法令を特定しなければならないから、条例であれば、「○○条例（令和○○年◇◇市条例第・・号）の一部を次のように改正する。」というように表記する。続いて、具体的な改正規定を置くことになる。

複数の法令を改正する場合、題名は、原則として、二つの法令のときは「○○法令及び◇◇法令の一部を改正する法令」と、三つ以上のときは「○○法令等の一部を改正する法令」とする。本則は、対象法令ごとに条建てにするのが原則であり、条ごとに対象法令を特定した改正文を置き、また、見出しを付することになる。なお、改正を条建てで行う場合は、その条の中では、配字が1字分右に移動する（縦書きの場合は下がる）ので注意する必要がある。

### ⑶ 複数改正の特殊な例

複数の法令を改正する特殊な例として、ある法令と、その法令の一部改正を行う法令で未施行のもの、あるいはその一部改正法令の附則とを、本則で改正する場合がある。この場合は、二つの法令（ある法令とその一部改正法令）を改正するものであっても、題名は「○○法令等の一部を改正する法令」とし、二つの法令を「及び」でつなげることはしない。本則を条建てとすることは、一般の場合と同様である。

また、ある法令の改正を、施行日を分けて、多段階に行う場合もある。ある法令の一部を改正し、これを施行した後に、再度同じ箇所に次の改正を施して施行する、という形である。この場合は、施行期日ごとに改正をグループ化し、そのグループごとに条を建てて改正し、それぞれの条に対応して施行期日を定める。これを多段階方式というが、俗に（例えば2段）ロケット方式などともいわれる。

＊多段階方式の規定例

例えば、現在の規定で定められている金額が「2,000万円」である場合に、今回の改正で「3,000万円」に改め、さらにその一定期間経過後に「3,200万円」に改める、というようなときに使われる。もちろん、この「3,200万円」に変更するのが何年も先に予定されるような場合であれば、通常は、その段階で改正を行えばよい。しかし、それが非常に近い将来であるとか、政策判断から改正を明示しておく必要があるとかの事情により、2段方式を採ることがある。（なお、再引き上げ予定が近い将来であれば、技術的には、対象法令の規定においては「3,200万円」に改正し、附則で、一定期間その規定の適用上「3,200万円」を「3,000万円」に読み替える、とすることも可能である。）

多段階方式では、例えば次のように構成する。

×××□□条例の一部を改正する条例
第１条×□□条例（令和○年◇◇市条例第○号）の一部を次のよう×に改正する。
××第５条中「2,000万円」を「3,000万円」に改める。
〔略〕
第２条×□□条例の一部を次のように改正する。
××第５条中「3,000万円」を「3,200万円」に改める。
×××附×則
×この条例は、令和３年４月１日から施行する。ただし、第２条の規定は、同年９月１日から施行する。

（注：改正文は条ごとに書くが、対象条例の条例番号は第１条にのみ付し、第２条以下では付さない。また、条ごとの見出しは題名と同じであり、各条とも同じであるので、不要とされている。）

## ③ 附則による改正

### ⑴ 意義

ある法令の制定改廃に伴って、他の法令を整理するなど改正する必要が生じた場合には、その法令の附則によって改正するのが一般的である。改正は、その附則が項建てであれば項において、条建てであれば条において行い、通常はこれに見出しを付する。いずれの場合でも、本則の条建てによる改正と同様、その条項の中では、配字が一字分右に移動する（下がる）ことに注意を要する。既に述べたように、本則による改正も、附則による改正も、改正の効力には何の異同もない。

### ⑵ 附則の改正規定の扱い

附則における改正でも、その改正規定が施行されれば、その規定は用済みとなり、意味を持たない。しかし、形式上は（本則におけるのと同様）その規定は存在する。したがって、当該規定が削られたりしない限り、その条項は残っている。つまり、自然消滅するわけではないから、後にその条項を改正することは可能である。

＊本則による改正と附則による改正の例

×××旅券法の一部を改正する法律
×旅券法（昭和26年法律第267号）の一部を次のように改正する。
〔略〕
×××附×則
×（施行期日）
第１条　この法律は、公布の日から起算して１年を超えない範囲内×において政令で定める日から施行する。
〔略〕
×（旅券法の一部を改正する法律の一部改正）
第９条　旅券法の一部を改正する法律（平成７年法律第23号）の一×部を次のように改正する。
××附則第５条の前の見出しを削り、同条を次のように改める。
×第５条　削除
〔略〕
×（地方自治法の一部改正）
第10条　地方自治法（昭和22年法律第67号）の一部を次のように改正する。
××別表第１旅券法（昭和26年法律第267号）の項中「第３条」を……。

＊「附則による改正」の法令集における取扱い

通常、法令集では、附則はそのまま掲載しているが、他法改正を行う条項は、施行後はすべて「略」と表示するのが通例である。この場合でも、当該規定の改正文は残して「次のよう　略」と注記するもの、単に当該規定の条名・項番号の下に「略」と注記するもの、当該規定を全く表示しないものなどがある。附則の原本を確認する必要があるときは、これらの規定といえども形式的には存在しているので、注意しなければならない。

## ④ 一部改正に伴う形式の取扱い

### (1) 改正に伴う整合性の確保

日本における改正方式は、いわゆる溶け込み方式だから、改正法令によって改正を加えた結果、その内容と形式とがともに元の法令（被改正法令）と一体化しなければならない。内容については、新たな改正後の規定が、法令としての意味を持ち、その法令全体の中に整合性を持って存在するようにならなければならない。これは当然のことであって、それを可能とするために、改正法令の起案においてさまざまな検討を行うことになる。形式についても、原則として、元の法令の表記方法などに合わせることが必要である。したがって、カタカナ・文語体による古い法令を改正する場合には、原則として、その文章規範や形式に基づき、カタカナ・文語体によって表記することになる。ただし、旧仮名遣いにおける濁点・半濁点については、これが付されていないものであっても、付されているものとして取り扱うこととされる。また、通常、これらの法令は、項番号がなく、条に見出しが付されていないため、改正も、これらの形式に適合するように行うことになる。

### (2) 表記の原則

法令文における用字・用語の表記の原則は、「法令における漢字使用等について（平成22年11月30日内閣法制局総総第208号）」により、「常用漢字表」、「送り仮名の付け方」などによることとされている。旧表記によっている法令は、改正がある場合に原則として新表記に改めることとされているが、そのすべてを改めるわけではなく、各規定についてその内容を改正する場合に限って、その規定（原則として項単位）中の旧表記を改めることとしている。例えば、ある項の一部を改正する場合、その項に「行なう」とあれば、これを「行う」に改めることになる。この結果、一つの法令中に、「行なう」と「行う」が混在してもやむを得ない、とされる。

### ⑶　字体の原則

なお、字体は、「常用漢字表（平成22年内閣告示第２号）」の「通用字体」によることとされているため、古い法令における旧字体が問題になるが、旧字体はそのまま通用字体に置き換えられているものとして扱われる。何らの措置も要しない。したがって、旧字体の語句を引用する場合であっても、通用字体で引用する。ただし、固有名詞については、旧字体で規定されていれば、そのまま旧字体で引用する。

### ⑷　異なる表記の並存

いずれの場合にあっても、附則は、現行の表記方法により規定する。また、本則であっても、章・節を新たに加える場合、章・節を全部改正する場合には、現行の表記方法による。促音・拗音の小書き（ゃ、ゅ、ょ、っ）も、これに準ずる（旧表記を改める場合のように、項単位で改正することはしない）。その結果、ある章はカタカナ・文語体で、新たな章はひらがな・口語体（現行の表記）となって、両者が並存する、という例が生じてもよいことになる。

＊カタカナ・文語体の法令の改正の例

×（不動産登記法の一部改正）
第８条×不動産登記法（明治32年法律第24号）の一部を次のように
×改正する。
××第110条ノ４中「破産ノ宣告」を「破産手続開始ノ決定」に改
×める。
××第119条ノ11を第119条ノ12とし、第119条ノ10の次に次の１条
×を加える。
××第119条ノ11　民法第398条ノ20第１項第４号ノ規定ニ依リ根抵
×当権ノ担保スベキ元本ガ確定シタル場合ノ登記ハ申請書ニ債務者
×又ハ根抵当権設定者ニ付テ破産法（平成16年法律第75号）第30条
×第１項ノ規定ニ依ル破産手続開始ノ決定ノ裁判書ノ謄本ヲ添付シ
×タルトキハ根抵当権者ノミニテ之ヲ申請スルコトヲ得但其根抵当

×権又ハ之ヲ目的トスル権利取得ノ登記ト共ニ為ス場合ニ限ル

（注：不動産登記法は平成16年法律第123号により全部改正され、現在はカタカナ法令ではなくなっている。）

# 第2章

# 一部改正法令の構造

# Ⅰ　一部改正法令の構造

## ①　基本構造

### (1)　基本形式

一部改正法令は、通常、題名―本則（改正文＋改正規定）―附則、という構造を持つ。基本的な形式は、条例を例にとれば、次のとおりである。

| | |
|---|---|
| ×○○○○○○○○○○○○○条例の一部を改正する条例をこ | 公布文 |
| こに公布する。 | |
| ××令和○年○月○日 | （公布年月日） |
| ○○市長×○○○○× | （公布権者） |
| ○○市条例第○号 | 条例番号 |
| ×××○○○○○○○○○○○○○○条例の一部を改正する条 | 題名 |
| ×××例 | |
| ×○○○○○○○○○○○○○○条例（平成□年○○市条例第 | 本則 |
| □号）の一部を次のように改正する。 | 改正文 |
| ×第２条中「A」を「B」に改める。 | 改正規定 |
| ×第７条第１項中「C」の次に「D」を加え、同条第３項中 | |
| 「、E」を削る。 | |
| 〔略〕 | |
| ×××附×則 | 附則 |
| ×（施行期日） | |
| １×この条例は、公布の日から施行する。 | |
| ×（△△条例の一部改正） | |
| ２×△△条例（平成○年○○市条例第○号）の一部を次のよう | |
| ×に改正する。 | |
| ××第３条中「F」を「G」に改める。 | |
| ××第５条第２項中「H」を「I」に改め、同条第４項中 | |
| ×「J」を削る。 | |
| ×（△△条例の一部改正に伴う経過措置） | |
| ３×前項の規定による……………………………。 | |

### (2) 一部改正法令の扱い

一部改正法令も、法令としては一個・独立の法令であるから、普通の法令と同様に、公布され、施行される。したがって、公布文は置かれるし、公布年月日と公布権者、法令番号も表示される。なお、法令集などでは、施行によって本則は用済みとなるから掲載されず、改正対象法令の附則の次に、改正附則として附則のみが掲載され、この附則に法令番号が注記される取扱いである。

## ② 題名

### (1) 原則

一部改正法令の題名は、原則として、「○○法令の一部を改正する法令」というように、「一部を改正する」ことを示すのが通例である。改正対象が一つの場合でも複数の場合でも、この点は同様である。

### (2) 複数改正の特例

複数法令の改正を行う場合に、施行法令、整理法令、整備法令という名称を持たせる場合がある。このような場合には、一部改正であることを表示することはしないが、「施行」、「整理」、「整備」の表記をするのが通例である。

また、一部改正の表示に加えて、改正の目的を端的に表わす場合もある。法律の例では、「司法制度改革のための裁判所法等の一部を改正する法律」や「担保物権及び民事執行制度の改善のための民法等の一部を改正する法律」などがある。

＊題名の例

・一つの法令の改正

×××○○○条例の一部を改正する条例

・二つの法令の改正

×××○○条例及び□□条例の一部を改正する条例

・三つ以上の法令の改正

×××○○○条例等の一部を改正する条例

・整理法令・整備法令の例

×××行政機構の改革に伴う関係条例の整理に関する条例
×××行政機構の改革に伴う関係条例の整備等に関する条例

・ある法令の改正と、その法令の一部改正法令の改正とを行う例

×××○○市税条例等の一部を改正する条例

（注：本則の第１条で「○○市税条例」を、第２条で「○○市税条例の一部を改正する条例〔の附則〕」を改正するもの。「及び」で二つを結び付けることはしない。）

＊題名に改正目的を表示する法律の例

×××特許審査の迅速化等のための特許法等の一部を改正する法律
×（特許法の一部改正）
第１条×特許法（昭和34年法律第121号）の一部を次のように改正
×する。
〔略〕
×（実用新案法の一部改正）
第２条×実用新案法（昭和34年法律第123号）の一部を次のように
×改正する。
〔略〕

×（工業所有権に関する手続等の特例に関する法律の一部改正）
第３条×工業所有権に関する手続等の特例に関する法律（平成２年
×法律第30号）の一部を次のように改正する。

〔略〕

第４条×工業所有権に関する手続等の特例に関する法律の一部を次
×のように改正する。

〔略〕

×（独立行政法人工業所有権総合情報館法の一部改正）
第５条×独立行政法人工業所有権総合情報館法（平成11年法律第
×201号）の一部を次のように改正する。

〔略〕

＊整備法の例

×××破産法の施行に伴う関係法律の整備等に関する法律
目次
×第１章×倒産処理手続関係法律の整備等（第１条－第５条）
×第２章×その他の関係法律の整備等（第６条－第137条）
×附則
×××第１章　倒産処理手続関係法律の整備等
×（民事再生法の一部改正）
第１条×民事再生法（平成11年法律第225号）の一部を次のように
×改正する。

〔略〕

## ③ 本則

### ⑴ 改正文

題名の次には、改正文（柱書き）を置く。これは、改正の対象法令を特定し、その一部を「次のように改正する」ことを明らかにする文である。対象法令の特定は、法令の題名と法令番号とによる。複数の法令を一つの改正法令で改正する場合には、通常は、一つの法令について１条を充て（条建てにして）、それぞれに改正文を置くことになる。

### ⑵ 改正規定

改正文の次に、具体的な改正をどの部分にどのように行うかを明らかにする規定を置く。これを改正規定という。改正は、原則として、対象法令の１条ごとに行っていく。したがって、改正規定には、条名や項番号のようなものはない。

＊改正文の例

> ×□□□条例（令和○年○○市条例第○号）の一部を次のように改正する。

## ④ 附則

附則は、新規制定法令と同様、施行期日、適用区分、経過措置、一部改正に伴う関係法令の整理のための当該関係法令の改正、これに伴う経過措置などで構成される。一部改正法令だからといって、特別のものがあるわけではない。

# 2 改正規定の構成

## ① 改正規定

### (1) 意義

改正規定は、個々の具体的な改正対象部分を特定し、その部分をどのように改正するかを明らかにするものである。改正は、「改める」「加える」「削る」「付する」「とする」の５種類の組合せによって行う。したがって、改正規定の基本パターンは次の５種類となり、これを組み合わせて改正規定が構成される。

① 「○○」を「◇◇」に改める。
② 「○○」の次に（下に）「◇◇」を加える。
③ 「○○」を削る。
④ ○○に「◇◇」を付する。
⑤ ○を◇とする。（移動）

### (2) 構成

改正規定は、基本的に条単位で構成する。したがって、ある条の中でいくつもの改正がある場合には、基本パターンを読点で結び、組み合わせて完結させる。

また、改正対象によって、基本パターンも若干の変化を生じる。例えば、「改める」にしても、条や項の中の一部の語句を改める場合もあるし、条や項の全体を改める場合もある。「加える」にしても、語句を加えるだけでなく、条や項を新たに加えることもある。条や項を削ると、原則として条や項の移動も生じる。

実際には、これらの改正がいろいろと組み合わさって、改正規定が構成される。組み合わさって一つの文として句点で切れたまとまりを、改正規定というが、その改正規定を構成しているそれぞれの基本的なパターンの部分も改正規定という。

＊組み合わされた改正規定の例

・語句を「加える」の改正と、項を「加える」改正

×第２条第１項第１号中「その他その」の次に「現に所在する場所若しくは」を加え、同項第５号中「かけ、」の次に「文書を送付し、」を加え、同条第３項中「場合に限る。)」の次に「又は位置情報無承諾取得等」を加え、同項を同条第４項とし、同条第２項の次に次の１項を加える。

３　この法律において「位置情報無承諾取得等」とは、……

・条の全部を「改める」改正

×第16条の２を次のように改める。

×（調整期間）

第16条の２　政府は、第４条の３第１項の規定により、……

・項の全部を「改める」改正

×第87条第３項を次のように改める。

３×保険料の額は、次の表の上欄に掲げる月分について……

・第１項の全部を「改める」改正

×第58条の見出しを「(業務提供誘引販売契約の解除)」に改め、同条第１項を次のように改める。

××業務提供誘引販売業を行う者がその業務提供誘引販売業に係る×……

・項の移動

×第66条第１項中「連鎖販売業を行う者」を「一般連鎖販売業者」に改め、同条第４項中「又は第２項」を「、第２項又は第４項」に改め、同項を同条第６項とし、同条第３項中「前２項」を「第１項、第２項又は前項」に改め、同項を同条第５項とし、同条第２項を同条第４項とし、同条第１項の次に次の２項を加える。

２×主務大臣は、この法律を施行するため……

３×主務大臣は、この法律を施行するため……

×第７条中第７項を第８項とし、第４項から第６項までを１項ずつ繰り下げ、同条第３項中「第１項」の次に「及び第２項」を加え、同項を同条第４項とし、同条第２項中「前項」を「第１項」に改め、同項を同条第３項とし、同条第１項の次に次の１項を加える。

２×国は、離島振興計画に基づく事業のうち……

・条の移動と「加える」改正

×第３章第３節中第145条の５を第145条の12とし、同章第２節中第145条の４を第145条の11とし、同章第１節中第145条の３を第145条の10とし、第145条の２を第145条の９とする。

×第２章の次に次の１章を加える。

×××第２章の２×特定信託の各計算期間の所得に対する法人税

第145条の２～第145条の８　〔略〕

×第13条を第14条とする。

×第12条第１項中「構造」の次に「並びに保全」を加え、同条第２項中「この法律の施行」を「国家機関の建築物の営繕及びその附帯施設の建設並びにこれらの保全」に改め、同条を第13条とする。

×第10条及び第11条を削る。

×第９条の３中「、政令で定める技術的基準に従い」を削り、同条を第11条とし、同条の次に次の１条を加える。

×（国家機関の建築物の点検）
第12条×各省各庁の長は、その所管に属する建築物……

## ② 改正部分の特定

### (1) 特定の原則

改正規定では、改正対象部分をまず特定する必要がある。特定された部分について、前記５種類の改正を行うことになる。

改正部分の特定は、原則として、条名を中心とした規定の構成要素の名称による。つまり、題名、目次、前文、編・章・節・款・目、条（見出し）・項・号・イ……、附則の条（見出し）・項・号・イ……、別表、様式などである。ただし、章・節などの条のまとまりは、その必要がない限り表示しない。反対に、条を構成する各部分は、特定が容易にできるよう、できる限り表示し、特定する。もちろん、ケースに応じてさまざまなバリエーションが生ずる。

### (2) 語句の特定

条（見出し）・項・号・イ……などの一部に改正を行う場合、その条などを特定した上で、さらに、「〔その特定した部分〕中」（「中」が多段階になる場合は、「うち」を上の段階に使うのが一般である）などとして、その中の対象となる語句を表示して特定する。語句の特定は、他の部分と混同を生じない限りにおいて、必要かつ最小限の部分で把握するようにする。この場合、原則として、意味のある言葉としての単位（単語あるいはこれに助詞・助動詞のついたものなど）で表示する。ただし、他の部分と区別するために、記号（例えば括弧記号）などを含ませて特定することもある。

### (3) 表等の部分の特定

表などの部分を特定する場合には、項と欄とで表示するのが原則である。しかし、必ずしも項と欄によっては特定できない場合があるので、その場合には対象部分を大きく「　」で括って特定することも多い。同様に、条・項・号・イ……などで特定できないものとしては、目次や数式、様式などがあり、これらの場合にも対象部分を「　」で括って特定することになる。

＊特定の例

×第○条中「A」を「B」に、「C」を「D」に改める。

×第○条第２項中「A」の次に「B」を加え、「、C」を削る。

×第○条に見出しとして「(□□)」を付する。

×第○条中第３項を削り、第４項を第３項とし、第５項を第４項とする。

# 3 一部改正法令の施行と適用

## ① 一部改正法令の施行

### ⑴ 意義

法令の施行は、その法令が適用される状態に置かれ、実際の効力を生ずることであり、一部改正法令においても基本的には同様である。しかし、一部改正法令の場合は、改正対象法令に改正が施される（溶け込む）ことがまず必要であり、この改正の実施は、改正法令の施行により、かつ、その施行の時に、行われるものと考えられている。つまり、一部改正法令では、施行と同時に改正そのものの効力が発生して改正対象法令が改正され、新たに改正を施された法令が適用される状態に置かれる、という２段階が同時に生じる、ということができる。

### ⑵ 考え方

一部改正法令の施行による改正そのものは、施行の時に、すべての改正が同時に行われる、と観念的には考えられている。したがって、条などの移動も順次に行われるのではなく、同時に（瞬時に）行われるということになる。このこともあって、改正によって移動した条を基準にして、新たな条を加えたりする（ある条を移動し、その移動後の条名を捉えて、その次や前に新たな条を加える）ことは避ける方向にある。もちろん、移動後の条名を基準にすると、移動前のものと混同しやすく、分かりにくい場合が多い、という事情もある。

### ⑶ 実際の起案

しかし、改正法令案そのものは、原則として改正対象法令の冒頭から順次行うように起案されるし、新たな条を挿入する場合も、その条が入る場所を空けて（つまり後の方の条を順次繰り下げて挿入される場所を確保して）から挿入する（「加える」）ように起案される。つまり、起案の実際の作業としては、同時に改正が施されるというよりも、改正法令に規定された順序で改正が施されていくように起案する、といってよい。観念的には同時に、作業的には順次に、ということになる。

## ② 改正前後の法令の適用関係

### ⑴　改正前後の法令

一部改正法令を施行すると、改正対象法令に改正が施される（改正部分が溶け込む）ので、改正対象法令は、施行の時点で、改正前の法令から、改正後の法令へ改正されることになる。一部改正法令についての適用関係は、この改正前後の法令の適用関係を考えることになる。

### ⑵　適用関係

一部改正法令の附則における適用区分や経過措置は、原則として、改正前後の法令の規定をどのように適用するかについて規定することになる。改正規定そのものの適用関係は通常は考えられない。例えば、改正規定そのものを過去の時点に遡及させて施行したり、適用したりすることはできず、この場合は、改正後の規定を遡及適用することになる。もちろん、改正規定の施行日をいくつかに分けることは可能である。

＊一部改正法による改正前後の法令の適用関係の例

第２条×この法律の施行の日（以下「施行日」という。）前にされ
×た第１条の規定による改正前の民事再生法第21条又は第209条第
×１項の規定による再生手続開始の申立てに係る再生事件について
×は、なお従前の例による。
２×前項の規定にかかわらず、同項の再生事件における再生債務者
×について施行日以後に第１条の規定による改正後の民事再生法第

×249条第１項前段に規定する再生手続開始の決定の取消し、……
×があった場合又は……の決定があった場合には、新民事再生法第
×249条の規定を適用する。

# 第3章

# 一部改正の方法

# I　題名・目次・前文の改正

## ①　題名の改正

題名の改正において、題名を特定するには、「題名」による。

題名を改正する場合、題名中の一部の語句を改めるときは、その部分をカギ括弧で引用して改める。題名中の語句を加え、又は題名中の語句を削るときも同様である。

題名全部を改めるときは、「次のように改める」として改行し、本来の題名があるべき位置に新題名を置く。

題名のない法令に新たに題名を付ける場合は、「次の題名を付する」とし、本来の題名があるべき位置に新題名を置く。

＊規定例

1）　題名の一部を改める場合

×題名中「A」を「B」に改める。

×題名中「C」を削る。

×題名中「D」の次に「E」を加える。

2）　題名の全部を改める場合

×題名を次のように改める。

×××社債、株式等の振替に関する法律

（注：改正前は「社債等の振替に関する法律」。なお、題名の直後の目次や第１条も改める場合であっても、題名の全部改正とこれらの全

部改正、題名の一部改正とこれらの一部改正をまとめて行うことはしないのが通例である。)

×科学技術基本法（平成７年法律第130号）の一部を次のように改正する。
×題名を次のように改める。
×××科学技術・イノベーション基本法
×目次中「第８条」を「第11条」に、……に改める。
×第１条中「科学技術（人文科学のみに係るものを除く。以下同じ。）の振興」……に改める。

## ② 前文の改正

前文の改正を行う場合は、「前文」で特定し、いくつかの段落に区分されているときは、その段落を項番号のない「項」として特定する（第１段落が第１項、第２段落が第２項。以下同様に、段落をそのまま項として扱う）。改正の方法は、項番号のない項の改正の場合と同様である（新たに「項」を加えても、又は「項」を削っても、これに伴う項の繰下げ又は繰上げはしない）。ただし、条の中の項の場合とは、段落であるから配字が異なり、段落の初字は２字目、行替え後は１字目となる。

＊規定例

×前文のうち第５項中「その具体化」の次に〔下に〕「の推進」を加え、「検討指針、検討体制等」を「基本指針、移転先候補地の選定体制等」に改め、第２項の次に次の１項を加える。
×とりわけ、阪神・淡路大震災による未曾有の被害の発生に……
〔略〕

(注：この場合、第５項の改正を、順番に従って第２項の次に１項を加える改正の次に置くことにすると、「第５項」が１項を加える前の第５項か、加えた後の第５項か不明となる。したがって、第５項の

改正をしてから、その後で、第２項の次に１項を加えるとすることになる。）

＊制定文について

全部改正の場合の制定文について改正をすることはない。

委任を受けて制定する法令（法律の委任を受けた政令、条例の委任を受けた規則など）の制定文は、その中に引用されている根拠規定に変更が生じても改正はしない。これらの制定文は、もともとの根拠を明らかにする意味と解されるからである。

×騒音規制法施行令をここに公布する。
×××騒音規制法施行令
×内閣は、騒音規制法（昭和43年法律第98号）第２条第１項及び第３項、第16条並びに第25条の規定に基づき、並びに同法を実施するため、この政令を制定する。

（注：この政令は昭和43年政令第324号であり、法律第16条は昭和45年６月法律108号によって削られているが、この制定文自体はこの政令が改正されても、改正されない。）

## ③ 目次の改正

### ⑴ 改正の必要

目次の改正は、本則の章・節等の変更に伴って発生する。つまり、章・節の創設、章・節や条の移動、これらの追加・削除（削る）などがある場合に、目次の全部を改めたり、一部だけを改めたりする。目次の特定は、「目次」による。

### ⑵ 改正の方法

目次の改正は、原則として対象部分をカギ括弧「　」で引用して行う。

目次中の一部の語句や一部の条名を改正する場合は、その部分の語句や条名をカギ括弧で引用して改正する。

新たに章・節を追加したり、削ったりした場合は、原則として、隣接部分をカギ括弧で引用し、これを含めた改正後の形にしたものを同様にカギ括弧で示して置き換える。図や表と同じように扱うことになる。この場合、改正規定の文を、カギ括弧で引用した部分の中央に行が位置するように配するのが通例である。

章・節建てになっていない法令を、章・節を建てて分ける場合には、目次を新たに設けることになる。この場合は、「次の目次を付する。」とする。

＊規定例（目次の構成、表示については第１部第５章を参照）

１）　目次の一部を改める場合

×目次中「第36条・第37条」を「第36条―第37条」に、「第51条」を「第57条」に改める。

×目次中「署名検証者」を「署名検証者等」に、「第19条」を「第19条の３」に改める。

×目次中「第２章×削除」を「第２章×○○○（第３条―第８条）」に改める。

×目次中「第４章×監督（第11条―第15条）」を「第４章×削除」に改める。

<table>
<tr><td>×目次中</td><td>「第２章×○○○（第３条―第６条）<br>第３章×□□□□□□<br>×第１節×○○○○（第７条―第11条）<br>×第２節×△△△△△△（第12条―第15条）<br>×第３節×□□□（第16条―第18条）」</td><td>を</td><td>「第２<br>第３<br>第４</td></tr>
</table>

章×○○○（第３条―第６条）

章×△△□□□（第７条―第18条）　に改める。
章×◇◇◇（第19条―第25条）　　」

「第２章×廃
×第１節×
×目次中「第２章×産業廃棄物（第16条―第43条）」を　×第２節×
×第３節×
×第４節×
棄物の処理
通則（第16条―第20条）
家庭廃棄物の処理（第21条―第28条）　　　　に改める。
事業系廃棄物の処理（第29条―第41条）
廃棄物処理手数料（第42条・第43条）　　」

（注：通常、この例のようにカギ括弧の中央に改正規定の文が置かれるが、カギ括弧の最上段の行に置く（縦書きでは右端の行に合わせる）ようにしてよいのではないかと考える。）

２）　目次の全部を改める場合

×目次を次のように改める。
目次
×第１章×総則
××第１節×○○（第１条―第３条）
××第２節×○○（第４条・第５条）
×第２章×○○（第６条―第10条）
〔略〕
×附則

３）　目次を新たに設ける場合

×題名の次に次の目次及び章名を付する。
目次

×第１章×総則（第１条―第３条）
〔略〕
×第４章×雑則（第15条―第22条）
×第５章×罰則（第23条―第25条）
×附則
×××第１章×総則

（注：目次を新たに設けるということは、本則を新たに章・節等に分けて章建てなどにすることであり、したがって第１章の章名も新たに設けることになる。第1章の章名は目次の直後に置かれるため、このような場合は、目次と第１章の章名をまとめて「付する」とするのが通例である。）

４）目次を削る場合

×目次を削る。
×「第１章×総則」を削る。

（注：目次を全部削る場合は、本則の章建てをやめることであり、したがって、各章の章名も不要となるから、続けて第１章の章名を削る。これはまとめることはできない。）

# 2 章・節等の改正

## ① 章・節等の改正

### (1) 目次との関係

本則を区分する単位として、章・節・款・目等があるが、ここでは、「章」で一括する。節、款、目等も同様である。なお、これらの改正をする場合には、目次にも影響があることに留意する。

### (2) 章の全部の改正

章の全体を改める場合は、「第○章を次のように改める」として、本来のあるべき位置に、章名を冒頭にして新たな章全体を置く。この場合、旧の章における条の構成（条の数など）と新の章の条の構成とを対応させ、その間の整理を要することがある。なお、章全体を「削除」に改める場合には、同時にその章に含まれる条すべても「削除」とすることが必要であり、これは、通常、章の全部を改める方式による。ただし、他の改正と関連して、章名を「削除」に改めるか削るかし、さらにその章に含まれる条を「削除」に改めることもある。

### (3) 章の追加

章を新たに加える場合は、「第○章の次に次の１章を加える」とする。ただし、他の章の移動をして章の番号を整理するか、枝番号にするか、いずれかが必要である。本則の末尾に付け加えるには、単に「本則に次の１章を加える」とする。もちろん、複数の章を加えても同じである。

### ⑷　章の廃止

章を削る場合は、「第○章を削る」とする。これにより、その章に含まれる条もすべて削られる。末尾の章でない限り、他の章の移動が同時に必要となり、条名も整理を要することになる。

### ⑸　章の移動

章の移動は、原則として条の移動と同じである。

＊規定例

1）　章の全部を改める場合

×第２編第５章を次のように改める。
×××第５章×電子公告調査機関
×（電子公告調査）
第475条×この法律の規定による公告……
　〔略〕
第476条から第478条まで×削除

（注：改正前の第5章が第478条まであり、改正後は実質的には第475条までにとどまるので、他の章への影響が生じるのを避けるため、３条分を削除としている。この場合、目次については、章名の改正をすればよいことになる。）

2）　章の全部を「削除」に改める場合

×第２章を次のように改める。
×××第２章×削除
第10条から第15条まで×削除

3）　章を加える場合

×第１章の次に次の１章を加える。
×××第１章の２　基本方針及び基本計画
×（基本方針）

第２条の２　内閣総理大臣、国家公安委員会、法務大臣及び厚生労
×働大臣は、…
×（基本計画）
第２条の３　都道府県は、基本方針に即して、……

4）章（節）を加え、これに伴って移動する場合

×第６章第３節の３を同章第３節の４とし、同章第３節の２の次に
次の１節を加える。
××××第３節の３　航空機燃料税法の特例
×（航空機燃料税の税率の特例）
第90条の８　沖縄島と沖縄県の区域……

5）章を削り、新たに章を加える場合

×第２章及び第３章を削る。
×第１章中第９条を第10条とし、同条の次に次の２章、章名及び１
条を加える。
×××第２章　森林・林業基本計画
第11条　政府は、森林及び林業に関する施策の総合的かつ計画的な
×推進を図るため、…
×××第３章　森林の有する多面的機能の発揮に関する施策
第12条～第18条　〔略〕
×××第４章　林業の持続的かつ健全な発展に関する施策
×（望ましい林業構造の確立）
第19条　国は、効率的かつ安定的な林業経営を育成し、これらの林
×業経営が……

（注：改正前は第２章が第10条から始まっている。改正において、同章と第３章を削ることによって、第10条から第19条までも削られる。また、ここまでの改正で第20条以降が整理されている。さらに、この後に第８条を第９条に繰り下げる改正を行う。なお、章名を新たに付する場合は、「次の章名を付する」だが、条を加えるなど

とまとめて規定する場合は「加える」でまとめることができる。）

## ② 章名・節名等の改正

### (1) 章名の改正

「章名」は、「第○章　○○○」という全体を示す。特定する場合は、「第○章の章名」とするか、章名そのものをカギ括弧で引用するか、いずれかによる。

章名中の語句を改正する場合は、そのいずれかの特定により、対象部分を「改める」「加える」「削る」とする。なお、章名が短い場合には、章名を全部改正する方が多い。

### (2) 章名の追加

新たに章名を付する場合は、場所を特定し、「次の章名を付する」とする。

＊規定例

1）　章名を改める場合

・章名を引用して行う例

×「第３節　入猟税」を「第３節　狩猟税」に改める。

・章名を特定して行う例

×第５章の章名を次のように改める。
×××第５章　審査申立て

・章名中の語句を改める例

×第２章第４節第７款の款名中「特例等」を「特例」に改める。

2）　章名の置かれる場所を移動する（現在の章名を削り、別の場所に新たに付する）場合

×第２章第２節第２款の款名を削り、第19条及び第20条を次のように改める。
第19条及び第20条　削除
×第20条の２の前に次の款名を付する。
×××××第２款　準備金
×第20条の２第１項中……

（注：旧第２款は第19条から始まっていたが、改正後の第２款は第20条の２から始まる。）

３）　章名を削る場合

×第５章第４節の節名を削る。
×第120条から第133条までを次のように改める。
第120条から第133条まで　削除
×第５章第５節を同章第４節とし、同章第６節を同章第５節とする。

（注：旧第５節は第134条から始まっている。改正後は第４節が同条から始まる。第120条から第133条までは第３節に含まれることになる。なお、上記４行目を「第５章中第５節を第４節とし、第６節を第５節とする」とすることもできる。）

４）　章名を付する場合

×第171条の次に次の章名及び節名を付する。
×××第６章の２　課徴金
××××第１節　納付命令

（注：この章は第172条から始まり、章の中には節を設けることになる。これらは、当然に目次の改正を要することになる。なお、新たに章建てとする場合は、目次を付することが必要であり、これとまとめて第１章の章名を付することになる。目次の改正を参照。）

# 3 条・項・号の改正

## ① 条・項・号の一部改正

### ⑴ 改正対象の特定

条等の一部を改める、削る、あるいは条にある語句を加えるなどの改正を行う場合は、原則として、条・項・号・イ…・付記など最小の構成単位を特定し、さらにその中の語句を「　」で特定して、改める等の改正を行う。構成単位の特定においては、必要に応じて、「各号」・「各号列記以外の部分」、「本文」・「ただし書」、「前段」「(中段)」・「後段」などを使うこともある。

### ⑵ 語句の特定

語句の特定については、原則として、意味のある単語を引用する最小単位とする。加えて、他の語句と区別する必要がある場合には、その必要に応じて区別するための最小限の語句（場合によっては括弧やカギ括弧などの記号）を付加する。最終的には、引用する範囲はケース・バイ・ケースで決めざるを得ないが、文字だけで機械的に行うわけではない。なお、読点については、原則として、読点の次（下）の語句に付くように扱う。例えば、「、○○○」を削る、「、○○○」を加える、というように規定する。

### ⑶ 改正の方法

条等の一部の改正においては、特定した部分中「A」を「B」に改める、「A」の次に（縦書きでは、下に）「B」を加える、「A」を削る、とする。この場合「中」は、特定の最小構成部分ごとに使い、一つの構成部分中で同じ改正が連続する場合には、『「A」を「B」に、「C」を「D」に改める』、というように述語をまとめる。また、改める、削る、加える、が一つの構成部分中で混在する場合もあり、この場合は規定中の語句を順次改正していく。

改正を行う場合は条単位で行うのが原則であり、改正規定も、原則として条単位で句点によって締め括られることになる。ただし、途中に何らかの全部改正や、項などの追加があると、そこで一旦区切られることになる。また、連続する条項に同一の語句の改正のみが続く場合などには、いくつかの単位をまとめて、一つの改正規定によって改正を行う。

＊規定例

1）　条単位での改正の一般的な例

×第58条第１項中「５年」を「７年」に改め、同条第２項中「５年以内」を「７年以内」に、「前５年内事業年度」を「前７年内事業年度」に改め、同条第４項第１号中「属する事業年度」の次に〔下に〕「以後の各事業年度」を加え、「当該事業年度」を「当該前日の属する事業年度」に改める。

×第61条の９第１項中「又は選定した方法により換算しなかった場合」を削る。

2）　同一の語句の改正を連続する条項で行う場合

×第76条、第77条及び第78条中「一に」を「いずれかに」に改める。

×第19条第１項及び第２項、第20条、第22条から第24条まで、第29条第１項第５号並びに第30条（見出しを含む。）中「雇用福祉事業関係業務」を「雇用安定事業等関係業務」に改める。

×第67条第１項第１号から第３号までの規定中「連鎖販売業を行う者」を「一般連鎖販売業者」に改める。

（注：これらの間にある条項について改正がなく、かつ、当該条項に

他の改正がない場合に限る。)

3） 複数の法律の規定を一括して改正する場合

第○条×次に掲げる法律の規定中「過料の」を「過料についての」×に改める。
×(1)　戸籍法（昭和22年法律第224号）第123条
×(2)　外国人登録法（昭和27年法律第125号）第20条（見出しを含××む)。
×(3)　住民基本台帳法（昭和42年法律第81号）第52条
×(4)　沖縄の復帰に伴う特別措置に関する法律（昭和46年法律第××129号）第24条第２項及び第３項

4） 語句の特定の例

×第２条中「配偶者からの暴力」を「配偶者からの身体に対する暴力」に、「申立てに係る保護命令事件」を「保護命令の申立てに係る事件」に、「第12条第１項第３号」を「第12条第１項第４号」に改める。

×第10条中「第145条の３」を「第145条の10」に改め、「範囲)」の次に〔下に〕「及び前条」を加える。

×第42条第１項中「令和４年３月31日」を「令和６年３月31日」に、「２年」を「３年」に改め、同条第２項中「２年」を「３年」に改める。

5） 読点の扱いの例

×第201条第２号中「又は第198条」を「、第198条又は前条第１項」に改める。

×第114条の３第１項中「裁判所は」の次に〔下に〕「、著作者人格権」を、「出版権」の次に〔下に〕「、実演家人格権」を加える。

＊各号に関連する注意事項

各号そのものを引用する場合は単に「各号」でよいが、これに対して「各号列記以外の部分」は、各号中にも各号列記以外の部分中にも同じ語句があり、そのうち各号にある語句は除いて改正する場合に使われる。したがって、『第○条（第○項）各号列記以外の部分中「Ａ」を「Ｂ」に改め、同条（同項）第△号中「Ｃ」を「Ｄ」に改める』とすることはあっても、『各号列記以外の部分中「Ａ」を「Ｂ」に改め、各号中「Ａ」を「Ｂ」に改める』とは規定しない。後者のような場合は、『第○条（第○項）中 「Ａ」を「Ｂ」に改める』とする。

また、各号は、ただし書に付随する場合（ただし、次の各号に掲げる……）や後段に付随する場合（この場合において、次の各号に掲げる……）があり、ただし書や後段の改正において各号が対象に含まれるのかどうか明らかではないような場合には、『ただし書（各号列記以外の部分に限る。）中……』などと明確にする必要がある。

## ② 条・項・号の全部改正

### ⑴ 改正の方法

条・項・号・イ…等の全部を改めるときは、その改正対象構成部分を特定し、これを「次のように改める」として、その次に、新規定を本来の位置に置く。ただし書や前段・（中段・）後段の場合も同様であるが、この場合の新規定の行頭（初字）は通常、３字目である。なお、前段、中段の例は少ない。

### ⑵ 連続する複数の規定の改正

連続する複数の条・項・号・イ…などの全部を改める場合には、「及び」や「…から…まで」として一括して改める。反対に、一つの条において項や号などの全部改正があると、改正規定はそこで一旦切れ、その後の部分の改正は行を改めて行うことになる。

### ⑶　見出しの扱い

条を全部改正する場合の「第○条」には、見出しも含まれるが、共通見出しは含まれない扱いである（見出しの改正を参照）。

### ⑷　「削除」とする場合

全部を改正して、その条や号を「削除」とすることがある。実質的には削ることと同じであるが、「削る」はその条項が跡形もなく消されるのに対し、全部改正による「削除」は、内容はなくなるものの、その条名等は残る。したがって、他の条などを移動する必要がないし、移動に伴う整理も不要となる。なお、「項」は、文章のまとまりの区分であり、段落に過ぎないので、独立した単位ではないと考えられているため、「削除」とすることはできない。

＊規定例

1）　条の全部改正

・一般的な改正

×第７条を次のように改める。
×（外国為替相場）
第７条　財務大臣は、本邦通貨の基準外国為替相場及び……

（注：共通見出しの場合は、改正後の条に見出しを付さない。）

・条の全部改正で削除とする場合

×第80条を次のように改める。
第80条　削除

2）　項の全部改正

×第４条第２項を次のように改める。
２　外国法人は、第138条に規定する……

×第1条第1項を次のように改める。
××この法律において「配偶者からの暴力」とは、配偶者からの身
×体に対する暴力……

3）　号の全部改正

×第161条第5号を次のように改める。
×(5)　第24条第1項に規定する配当等のうち……

4）　イ…の全部改正

×第161条第4号ロを次のように改める。
××ロ　国内にある営業所、事業所その他これらに準ずるものの…

5）　ただし書の全部改正

×第90条第1項ただし書を次のように改める。
××ただし、次の各号のいずれかに該当する者については、……

（注：ただし書に含まれる各号も含めて全部改正する場合には、このただし書に続けて新たな各号を本来の位置に置けばよい。）

6）　各号列記以外の部分の全部改正

×第30条第1項各号列記以外の部分を次のように改める。
××機構は、石油代替エネルギーの開発及び導入の促進……

7）　連続する複数の条項の全部改正

・二つの条項等を全部改正する場合

×第138条第4号ロ及びハを次のように改める。
××ロ　国内にある営業所、事務所その他これらに準ずるもの
××ハ　国内にある営業所に信託された合同運用信託、……

・三つ以上の条項等を全部改正する場合

×第31条から第46条までを次のように改める。

第31条から第46条まで　削除

・各号を一括して全部改正する場合

×第69条の５第１項中……を加え、同条第２項各号を次のように改める。

×(1)　特定株式……

×(2)　特定出資……

〔略〕

（注：この場合は、改正前・後で号の数が一致していなくてもよい。）

８）　条項の一部改正と全部改正とがある場合

×第32条第４項中「及び第７項」を削り、同条第７項を次のように改める。

７　前項の場合において、内国法人の繰延資産……

## ③ 条・項・号を削る

### (1)　削る方法

条・項・号・イ…・見出し・付記等を特定して、これを「削る」とする。削るとその規定は存在しなくなるから、本則や附則の末尾、条の末項などでない限り、他の条項などを移動する必要が生じる。

### (2)　連続する複数の規定の扱い

連続する複数の条項を削ることも可能である。ただし、その間に何ら改正がない場合であっても、連続していない複数の条をまとめて削ることはしないのが通例である。

＊規定例

１）　条を削る（整理のための移動を要しない）場合

×第20条の５及び第20条の６を削る。

2）　項を削る場合

×第28条の4第1項中……、同条第2項を削り、同条第3項中……、同項を同条第2項とし、同条第4項から第6項までを1項ずつ繰り上げる。

3）　後段を削る場合

×第51条第7項中……に改め、後段を削る。

×第24条後段を削る。

4）　ただし書を削る場合

×第16条第2項本文中「又はその要旨」を削り、同項ただし書を削る。

5）　各号を削る場合

×第31条中……に改め、各号を削る。

6）　イ……を削る場合

×第10条の2第1項中……に改め、同項第1号中ハ及びニを削り、ホをハとする。

## ④ 条・項・号の追加

### ⑴　加える方法

条などを新たに加える場合には、条などを特定した箇所に「次の」条などを加えるとし、その条などが本来あるべき位置に新たな条などを置く。

条を加えるときはどの条の次か、項を加えるときはどの項の次か、以下同じように、加える構成要素と同じ現存の構成要素によって場所を特定する。場所は、原則として既存のある条などの「次」とするが、その「ある条」をも移動させているような場合には、その条の「前」に置くこともある。ただし、本則や附則の末尾に条を加える、条の末尾に項を加える、既存の各号の末尾に号を加えるなどの場合には、単に「本則に加える」「附則に加える」「条に加える」「項に加える」などとする。また、条を章・節等の冒頭や末尾に加える場合には、どの章・節に属することになるのかを、「第○章中」などと明示する必要がある。

### ⑵ 加える対象

条・項・号を加える場合には、「次の１条」「次の２項」「次の３号」などと、加える規定の数を示す。イ…など、個数を表すことができないものについては、単に「次のように加える」とする。

### ⑶ 冒頭に加える場合等

本則に新第１条を加える場合には、第１条が入るべき場所を空けておかなければならない。つまり、現第１条を移動させておく必要がある。この場合、現第１条を移動させておいて、「第１条として次の１条を加える」とする方法と、「同条〔＝現第１条〕の前に次の１条を加える」とする方法とがある。次に新第１条をその置くべき位置に置く。

条に新第１項を加える場合も同様に、第１項が入るべき場所を空けておかなければならない。つまり、現第１項を移動させておく必要がある。また、第１項には項番号がないため、これを表示できないから、「第○条に第１項として次の１項を加える」とし、改行して、行頭３字目（初字）から新第１項を置く。

ただし書を新たに加える場合は、ある条項に「次のただし書を加える」とし、後段を新たに加える場合は、ある条項に「後段として次のように加える」とする。いずれも、新たなただし書、後段は、行頭３字目（初字）から置くことになる。

### ⑷ 移動を伴う場合と伴わない場合

新たに規定を加える場合には、通常は、新たに置くべき位置を空けてからする必要があり、したがって、他の規定を移動することが必要となる。移動を要しない場合もあるが、それは、条であれば、本則・附則の末尾に置く場合と、枝番号の条名による場合であり、項であれば、条の末尾に置く場合であり、号であれば、条・項の末尾に置く場合と枝番号による場合である。

ただし書や後段は、条や項などの規定の末尾に付することになるので、移動とは関係がない。

＊規定例

1）　条を加える

・移動を伴う場合

×第92条の２を第92条の４とし、第92条の次に次の２条を加える。
×（防衛出動時の緊急通行）
第92条の２　第76条第１項の規定により出動を命ぜられた自衛隊…
×（国民保護等派遣時の権限）
第92条の３　警察官職務執行法第４条、第５条並びに……

・移動を伴わない場合（枝番号によるもの）

×第８条の次に次の２条を加える。
×（警察本部長等の援助）
第８条の２　警視総監若しくは道府県警察本部長又は警察署長は…
×（福祉事務所による自立支援）
第８条の３　社会福祉法（…）に定める福祉に関する事務所は…

・移動を伴わない場合（末尾に加える）

×本則に次の１条を加える。
×（取消訴訟等の提起に関する事項の教示）
第46条　行政庁は、取消訴訟を提起することができる処分又は……

（注：このような場合、単に、第45条の次に次の１条を加える、とする例もないではない。）

・章・節等の帰属を明らかにする必要がある場合

×第３編第３章第２節中第180条の次に次の１条を加える。
×（信託財産に係る利子等の課税の特例）
第180条の２　第７条第１項第５号……の規定は、……

（注：新第180条の２は、第２節の末尾になる。）

２）　項を加える

・一般的な場合

×第３条第３項を同条第４項とし、同条第２項中……、同項を同条第３項とし、同条第１項の次に次の１項を加える。
２　市町村は、当該市町村が設置する適切な施設において、……
×第３条に次の１項を加える。
５　配偶者暴力相談支援センターは、その業務を行うに当たって…

（注：新第５項は第３条の末尾に加えるもの）

・第１項を加える場合

×第11条の見出しを……に改め、同条第２項を同条第３項とし、同条第１項を同条第２項とし、同条に第１項として次の１項を加える。
××児童虐待を行った保護者について児童福祉法第27条第１項第２×号……

・項のない条に第１項を加える場合

×第10条を同条第２項とし、同条に第１項として次の１項を加える。
××関西文化学術研究都市建設促進法……

・項のない条に第２項を加える場合

×第34条の見出し中「開始」を「再生手続開始」に改め、同条に次の１項を加える。

2　前項の場合において、……

・末尾に加える場合

×第168条に次の２項を加える。
5　裁判所は、前項の規定によりその特許権についての審判の…
6　特許庁長官は、前項に規定する通知を受けたときは、裁判所に
×対して……

３）　号を加える

・移動を伴う場合

×第124条第１項中第２号を第３号とし、第１号の次に次の１号を
加える。
×⑵　第122条の２　１億円以下の罰金刑

・移動を伴わない場合（末尾に加える）

×附則第５条第５項に次の１号を加える。
×⑷　第27条各号に掲げる月数を合算した月数が……

・移動を伴わない場合（枝番号によるもの）

×第24条第２号の次に次の２号を加える。
×（２の２）　第22条の４第１項の規定により……
×（２の３）　第22条の４第６項の規定により……

４）　ただし書を加える

×第14条第１項中……に改め、同項に次のただし書を加える。
××ただし、正当な理由があるときは、この限りでない。

５）　後段を加える

×第10条中……に改め、同条に後段として次のように加える。
××都道府県知事が、前条第１項の規定による立入り及び調査……

6） 各号を加える

×第28条の２第１項中……に改め、同項に次の各号を加える。
×(1) 供託するために要する旅費、日当及び宿泊料 ……
〔略〕
×(5) 供託に要する書類で官庁その他の公の団体……

7） イ…等を加える

・イロハ

×第28条の４第９号へを同号トとし、同号ホ中……に改め、同号ホを同号へとし、同号ニの次に次のように加える。
××ホ 証券仲介業者が第66条の18第１項の規定により第66条の…

・ⅰ、ⅱなど

×第２条第17号ニ中……に改め、同号ニに次のように加える。
×××ⅰ 当該移転資産の帳簿価額……
×××ⅱ 当該移転負債の帳簿価額……

## ⑤ 条・項・号の移動

### (1) 移動の必要

条・項・号などを削ったり、加えたりする場合には、原則として、削った跡を埋めたり、加える場所を空けて確保したりするために、これらに関係する規定を移動して整理する必要が生じる。これは、条・項・号の番号の連続性を確保する必要があるからである。移動による整理を要しない場合は、本則・附則の末尾において条を加え、削る場合、条の末尾において項を加え、削る場合、条・項の末尾において号を加え、削る場合、枝番号によって移動が不要な場合、項番号のない条に項を加え、削る場合などである。

なお、条の置き換えはできないと考えられている。例えば、第５条と第７条を入れ替えるとか、第５条を全部改正するとして、「第７条 …」と表記するとかはできない。

### ⑵　複数条項の一括移動

条などを移動する場合は、「第○条を第◇条とする」とするのが基本である。連続する複数の条項を、一度に同じ数だけ移動する場合には、その最後又は最前に位置する条項をまず移動させ、次いで連続するその他の条項を一括して、一定の数の条項ずつ「繰り下げる」、あるいは「繰り上げる」とする。繰り下げることによって、繰り下げた分だけ条などに空きができるし、繰り上げた分だけ条などの空き分が埋まることになる。したがって、繰り上げる場合は、前の方から順次繰り上げて行くことができるが、繰り下げる場合には、後ろの方から順次繰り下げて行く必要がある。改正の順序に注意する必要がある。

ただし、一括処理は、一般的に、４個以上の条・項などを移動させる場合に使われ、３個までの場合は個別に移動させるのが通例である。

イ・ロ・ハ…（ア・イ・ウ…）も、順序があると考えられるため、移動についてはこれらに準じた扱いをすることとされている。

### ⑶　帰属する章・節の明定

条の移動の場合、章・節などにまたがるときは、どの章・節に属することになるかを「第○章中」などによって特定する。また、章・節などにまたがる複数の条を一括して移動することは、区分が分かりにくくなるので避け、章・節などの区分で区切るのが一般的である。

### ⑷　同一条内の移動の方法

条の中で、項・号などを移動させる場合も、どの場所に移動させるかを明確にしなければならない。これには二つの表記方法があり、「第○条中第２項を第３項とし、第１項の次に次の１項を加える」というように「中」を使う方法と、「第○条第２項を同条第３項とし、同条第１項の次に次の１項を加える」というように、すべて「同条」で特定する方法とがある。一般的な傾向としては、新たに項を加えたり、既存の項を削ったりする改正を伴う場合は前者を使うことが多く、移動と同時に語句の改正などを行う場合には後者を使うことになる。

＊規定例

1）　通常の移動

×第63条第２項第４号を同項第６号とし、同号の前に次の１号を加える。
×(5)　第55条第１項の規定による……
×第63条第２項中第３号を第４号とし、第２号を第３号とし、第１号の次に次の１号を加える。
×(2)　第22条第２項の規定による……

（注：第63条第２項に新第２号と新第５号を加える改正）

×第96条に次の２項を加え、同条を第97条とする。
5　第１項の決定を認可し、……
6　第１項の訴えに係る訴訟手続は、……

×第67条を第67条の３とし、第７章中同条の次に次の１条を加える。
×（事実の調査）
第67条の４　法務大臣は、難民の認定、……

（注：第７章は現第67条が末尾にあったが、新第67条の４が末尾になる。第67条と第67条の２が空いているので、別にこれらを加える改正が行われる。）

2）　一括処理の場合

・繰下げ

×第61条中第８項を第９項とし、第３項から第７項までを１項ずつ繰り下げ、同条第２項中「前項」を「第１項」に改め、同項を同条第３項とし、同条第１項の次に次の１項を加える。
2　前項の規定により難民旅行証明書の交付を受ける外国人で、…

・繰上げ

×第349条中第16項を削り、第17項を第16項とし、第18項から第31項までを１項ずつ繰り上げ、第32項を削り、第33項を第31項とし、第34項から第36項までを２項ずつ繰り上げ、同条第37項中…に改め、同項を同条第35項とし、同条第38項を同条第36項とし、同条第39項中…に改め、同項を同条第37項とし、同条中第40項を第38項とし、第41項を第39項とし、第42項を第40項とする。

（注：旧第37項と旧第39項とに改正があるため、そこで一括処理が切れてしまう。「同条」と「同条中」の使い分けに注意）

・イロハ…の一括処理

×第23条第１項第２号中ハを削り、ニをハとし、ホからチまでをニからトまでとする。

×第50条第３項第１号中トをチとし、ハからヘまでをニからトまでとし、ロの次に次のように加える。
××ハ　国内にある営業所、事業所その他これらに準ずるもの…

３）　章節の区分と移動等の組み合わせ

×第15条に次の１項を加え、第２章第１節中同条を第13条とする。
２　前条第２項の規定は、……
×第２章第２節中第16条を第14条とする。
×第17条を第15条とし、第18条から第20条までを２条ずつ繰り上げ、第２章第２節中第21条を第19条とする。
×第２章第２節の次に次の１節並びに章名及び１条を加える。
××××第３節　事業主の講ずる措置に対する国の援助
第20条　国は、雇用の分野における……
×××第３章　女性労働者の就業に関して配慮すべき措置
×（職場における性的な言動に起因する問題に関する……）
第21条　事業主は、職場において……

（注：改正後は、第２章第１節は第13条まで、同章第２節は第14条から第19条まで、新同章第３節は第20条のみ、新第３章が新第21条から、となる。）

## ⑥ 見出しと付記の改正

### ⑴ 意義

見出しは、条と一体的に扱われる通常の見出しと、複数の条に共通するものとしてその前に置かれる共通見出しとがある。共通見出しは、一連の関連する複数の条とはいわば別の独立したものとして扱われる。なお、「見出し」は「（○○）」という括弧をも含んでいる概念である。また、項建ての附則における項に付される見出しも、扱いは同じである。

### ⑵ 見出しの特定

通常の見出しの一部を改正する場合は、「第○条の見出し」で特定する。見出しを全部改正する場合は、『第○条の見出しを「（○○）」に改める』、とする。共通見出しの改正も同様であるが、特定は「第○条の前の見出し」とする。

### ⑶ 条と見出しの改正

ある条について、見出しと見出し以外の条文の両方にある語句を改正対象とする場合には、「第○条（見出しを含む。）中……」とする。見出しはその条と一体となっているものであるが、このような場合には見出しも改正対象であることを確認的に表現するのが通例である。なお、ある条を全部改正する場合には、見出しは当然に含まれるため、このような表記はしない。ただし、共通見出しの次の条を全部改正する場合は、特にその共通見出しを含めるとしない限り、見出しは含まれない。

### ⑷ 見出しを付する場合と削る場合

見出しを新たに付する場合には、『第○条に見出しとして「（○○）」を付する』とする。共通見出しを付する場合には、『第○条の前に見出しとして「(○○)」を付する』とする。見出しのみを削る場合は「第○条の見出しを削る」又は「第○条の前の見出しを削る」とする。

### ⑸ 付記の改正

罰則の付記があるのは、現在のところ道路交通法だけであるが、この付記に関する改正もほぼ見出しの改正と同様である。ただし、共通見出しに相当する共通の罰則の付記はない。特定は「第○条の付記」による。付記を新たに加えるときは、「第○条に次の付記を加える」として加えるべき付記をその本来の位置に置く。

＊規定例

1） 見出しの一部改正

・通常の見出し

×第36条の見出し中「特例等」を「特例」に改め、同条第１項中…を削る。

・共通見出し

×第54条の前の見出し中「貸付等」を「貸付け等」に改め、同条第１項中「の外」を「のほか」に改め、同条に次の１項を加える。

3　前項に定めるもののほか、港湾施設の管理の委託にし……

2） 見出しの全部改正

・通常の見出し

×第11条の見出しを「(被告適格等)」に改め、同条第１項を次のように改める。

××処分又は裁決をした行政庁……

・共通見出し

×第16条の３の前の見出しを「(中学校又は高等学校の教諭の免許

状に関する特例)」に改め、同条第３項を削り、同条第４項を同条第３項とする。

３）　見出しと条文の一部改正

・通常の見出し

×第700条の53（見出しを含む。）中「入猟税」を「狩猟税」に改める。

４）　見出しを付する・削る改正

・通常の見出しを付する

×第44条に見出しとして「(加給年金額)」を付し、同条第２項中……

（注：第43条と共通見出しだったが、同条の次に４条加えられたので、第44条に見出しを付することとなる。）

・通常の見出しを削り、共通見出しを付する

×附則第17条の２の見出しを削り、同条の前に見出しとして「(平均標準報酬月額の改定)」を付し、……同条の次に次の３条を加える。

第17条の３　第44条の２の規定の適用については、……

第17条の４　昭和60年改正法附則第82条第１項第４号及び……

×（年金たる保健給付の額の改定の特例）

第17条の５　当該年度の前年度に属する……

（注：第17条の３と第17条の４を加えることにより、第17条の２の前に共通見出しを付することになる。続いて第17条の５を加えるので、これらを一括して行う。）

・共通見出しを削る

×第57条の前の見出し及び同条を削る。

（注：この結果、他に措置を採らなければ、次の条については、前の

条、つまり第56条の見出しが共通見出しになるが、その場合は第56条の見出しを共通見出しにしておく必要がある。）

・共通見出しを削り、通常の見出しを付する

×第40条の前の見出しを削り、同条に見出しとして「（訴訟との関係）」を付し、同条に次の２項を加える。
５　裁判所は、前項の規定により……
６　特許庁長官は、前項に規定する……
×第40条の２を削る。

（注：第40条と第40条の２が共通見出しで、第40条の２を削ることにより、第40条の見出しが必要となる。仮に、見出しが改正の前後で同一であってもこのように処置する。）

・共通見出しを削り、条を移動して新たに共通見出しを付する

×第21条の前の見出しを削り、同条を第25条とし、同条の前に見出しとして「（出入国管理及び難民認定法の特例）」を付する。

・共通見出しを加えるとした例

×第37条の次に次の見出し及び４条を加える。
×（義務付けの訴えの要件等）
第37条の２　第３条第６項第１号に掲げる場合において、……
第37条の３～第37条の５　〔略〕

・付記の改正

×第７条の付記中「第119条第１項第１号の２、同条第２項」を「第119条第１項第２号、同条第３項」に改める。

×第９条の付記を次のように改める。
××（罰則　第119条第１項第２号、同条第３項）

## ⑦ 本則その他特別な改正

### ⑴ 本則の範囲

本則は、一般的には、附則以外の部分であること、題名・目次も含まれないこと、別表や別記も含まれないこと、と観念されているが、場合によっては必ずしも明確とはいえないことがある。

「本則」を場所的に捉えるならば、目次の次から「附　則」と表示されている前まで、と考えることになろう。「本則に次の○条を加える」とすれば、その条は、本則の末尾・「附　則」の前、に置かれることになる。また、別表を新たに加える場合には、「附則の次に次の別表を加える」とする。これらは、「本則」を法令文書内の場所を特定する意味で使っている例である。一般的にはこのような考え方によっているといえる。

これに対して、『本則中「A」を「B」に改める』とした場合、別表が付随していてこれに「A」があるときは、別表まで改正対象と考えるべきだろうか。別表が、本来本則内に規定を置くはずだが、便宜（分かりやすいように）、別の場所に表として掲げることにしたもの、という意味を考えれば、別表も対象になるといっていいだろう。これはどちらかというと、「本則」を意味的に捉える考え方といえるだろう。しかし、そのような考え方によっても、実際上は不明確であるので、例えば「本則（別表を含む。）中…」あるいは「本則及び別表中……」とした方がよいということにはなる。このように「本則」を意味的に考えれば、目次も本則に含むことができるだろう。

どちらの立場をとっても、改正に疑問を生じさせないように規定することが必要である。

なお、一部改正において本則の全部を改正することは考えにくい。

### ⑵ 一括改正

法令中のある語句に限ってすべて改正する（改める、削るなど）場合には、一括して行うことができる。この場合、改正対象範囲を、本則とするならば、「本則中……」とすることになり、附則も含めて一つの法令全体とするならば、「○○法令中……」とすることになる。いくつかの法令すべてを対象とするならば、『次に掲げる法令中「A」を「B」に改める』として、各号にその法令を列記する。

一つの法令の本則やその法令全体を改正対象とする場合、他に改正があるときには、冒頭で一括した改正を行い、次に、その改正以外の改正を、条ごとに順に行うこともある。

### ⑶ 項建て・1項のみの本則・附則

本則あるいは附則が、項建てであったり、1項のみであったりする場合は、その改正はやや特別な取扱いをせざるを得ない場合がある。

本則あるいは附則が1項のみで構成されている場合、そのうちの語句を改正するときは、「本則中…」「附則中…」として特定し、改正を行う。

本則・附則が1項のみで構成されている場合、新たに項を追加するときは、第2項を加えるだけでなく、既存の項を第1項とすることが必要である(これにより、項番号「1」が付されることになる)。また、項建ての本則・附則に新たな規定を加えて条建てにする場合には、既存の項を条に改めて(必要なら見出しも付して)、次に、新しい条を加えることになる。

本則・附則が複数項で構成されている場合、本則・附則を1項のみにするときは、既にある項番号も削らなければならない。複数条で構成されていて、これを1項のみにするときは、同様に、既にある条名も削らなければならない。

＊規定例

1） 一つの法令あるいはその本則中のある語句をすべて改正する場合

・一つの法令中

×消防施設強化促進法（昭和28年法律第87号）の一部を次のように改正する。

×「自治大臣」を「総務大臣」に、「自治省令」を「総務省令」に改める。

・複数の法令中

×次に掲げる法律の規定中「第13条第１項第12号」を「第13条第１項第13号」に改める。
×(1)　構造改革特別区域法（平成14年法律第189号）第32条
×(2)　大規模災害からの復興に関する法律（平成25年法律第55号）
××第15条第２項

・本則中

×会社の分割に伴う労働契約の承継等に関する法律（平成12年法律第103号）の一部を次のように改正する。
×本則中「労働省令」を「厚生労働省令」に、「労働大臣」を「厚生労働大臣」に改める。

・本則の一部は除外する

×銀行法（昭和56年法律第59号）の一部を次のように改正する。
×本則（第26条第２項、第52条の17第２項、第53条第１項第８号及び第57条の３を除く。）中「総理府令・大蔵省令」を「総理府令」に改め、「及び大蔵大臣」を削り、「金融監督庁長官」を「金融庁長官」に改める。
×第53条第１項第８号中「総理府令・大蔵省令」を「総理府令（金融破たん綻処理制度及び金融危機管理に係るものについては、総理府令・大蔵省令)」に改める。

（注：共通する部分のほかにも改正がある場合には、この各条項に共通する部分を除いて、この改正規定に続けて改正を行うこともある。なお、現在総理府、大蔵省はない。）

2）　本則の末尾に条を加える場合

×本則に次の１条を加える。
第29条　次の各号のいずれかに該当する者は、100万円以下の過料×に処する。

〔各号　略〕

3）　別表を加える場合

×附則の次に次の別表を加える。

〔別表　略〕

4）　1項のみの本則に項を加える場合

×本則を第1項とし、本則に次の2項を加える。

2　……

3　……

×本則を第2項とし、同項の前に次の1項を加える。

1　……

5）　項建ての本則を条建てにする場合

×本則中……に改め、本則を第1条とし、同条に次の1項を加える。

2　前項の場合において、……

×第1条の次に次の2条を加える。

第2条　……

第3条　……

×本則を第1条とし、同条に見出しとして「(……)」を付し、同条の次に次の1条を加える。

×（執行官法附則第13条の恩給の年額の改定）

第2条　執行官法附則第13条の恩給については、……

6）　複数の項の本則又は附則を1項のみとする場合

×〔本則〕第2項及び第3項を削り、第1項の項番号を削る。

×附則第２項を削り、附則第１項の項番号を削る。

7）　複数の条の本則を項建てにする場合

×〔本則〕第２条及び第３条を削り、第１条の見出し及び条名を削り、第１項に項番号を付する。

（注：本則が３条で構成されている場合である。）

# 4 表・別表・様式の改正

## ① 表の特定

### (1) 原則

表は、条・項・号に付されている場合と、別表として附則の後ろに掲げられる場合とがある。また、附則にも別表が付される場合があり、これは附則の直後に置かれる。本則に係る別表と附則別表とがある場合には、本則の別表が附則別表の次に掲げられる。

別表には、参照の便を図って、「別表（第20条関係）」のように、本則あるいは附則の関係条名を括弧書きで付することとされている。別表が複数になる場合には、別表第１、別表第２などと番号を付する。

したがって、表そのものの特定は、条・項・号に付されている場合は、その規定によって特定する。例えば、第５条の表、第５条第２項の表などとする。別表の場合は、別表、別表第１、などと、その名称による。

### (2) 表の部分の特定

表は、通常、罫線によって区切られるが、罫線によらない表もある。

罫線によって区切られる表は、横書きの場合、横の区切りを「項」と呼び、縦の区切りを「欄」と呼ぶ（縦書きの場合は、逆になる）。項は、通常、左欄に掲げる事項によって「○○の項」と特定する。欄は、左欄・中欄・右欄（縦書きは上欄・中欄・下欄）で特定するが、名称を付している場合はこれによる。四つ以上の欄では、名称を付していない限り、欄を特定することはできない。基本的には、項と欄の二つによって表中のある区画を特定する。これでも特定しにくい場合には、表中の該当部分を「　」で引用して特定する。

ただし、表の作り方によっては、各項に番号が付されていることもあり、その場合は、第○項、あるいは第○号と呼ぶことができるときがある。このような場合は、そのような特定をすることが可能である。

なお、罫線を用いない表の場合は、「欄」がないので、原則として「項」によって特定する。また、罫線を用いても、欄がない表もあり、これも「項」によって特定する。

### ⑶　罫線の扱い

表中の罫線は、数学における線と同様、場所を有しない（空間上の面積を持たない）、と観念されている。したがって、削ったり、追加したりした場合に、罫線が二つ重なるように見えても、それは１本の線となるように扱われる。もちろん、可能であれば、ダブらないように規定することもある。いずれにしても、線の位置が明確になることが必要である。

### ⑷　表の書式

表は、原則として、初字２字目から始まり、行末は１字分空けるのが通例である。したがって、罫線を用いる表の場合は、１字目と２字目の間に線が引かれ、行末は１字分空けたところに線が引かれる。項については、何行分になっても、また、欄についても何字分とるかは、いわば自由であり、必要に応じて、また、全体のスペースに応じて、定められる。いわば、線で区切られた部分は伸縮自在ということになる。

### ⑸　様式、別記等の特定

表に準ずるものとしては、様式や別記があるが、これらの特定も基本的には表と同様である。様式が条・項・号に付されるのは稀である。附則の後ろに置かれる様式が一つの場合は、これを「別記様式」と称する。二つ以上の場合は、別表と同じように、別記様式第１、別記様式第２、あるいは、別記様式第１号、別記様式第２号、あるいは単に第１号様式、第２号様式あるいは様式第１号、様式第２号などと称される。様式そのものの題名には、「別記」を略することもある。別記そのものも複数あるときは、別記第１、別記第２というように番号が付される。

このほかにも、準ずるものとして、「付録」や「数式」も挙げることができる。

以下、表の説明は、原則として様式や別記にも当てはまる。

## ② 表の全部改正

### ⑴ 改正方法

表の全部を改める場合には、表を特定し、これを「次のように改める」として、本来あるべき位置にその表を置く。現存の表全部を削るときは、表を特定し、これを「削る」とする。この場合、通常は、本文の改正に伴って行われる。新たに表を加える場合は、場所を特定し、「次の表を加える」として、本来あるべき位置に新たな表を置く。

### ⑵ 別表の場合

別表の場合は、場所が附則の後（附則の別表がある場合には、さらにその後）になることと、別表が複数あるときは番号が付されていることに注意を要する。

別表を新たに加える場合には、「附則の次に次の別表を加える」として、別表を置く。既にある別表に新たな別表を加える場合には、既存の別表の「次に次の別表を加える」とする。別表を削る場合は、「別表〔第２〕を削る」とするが、条などの移動と同様、別表の移動を伴うことになる。なお、別表も枝番号を使うことがある。

＊規定例

１）　表の全部を改める

・項の中の表の全部を改める

×第31条第１項の表を次のように改める。

| | | | |
|---|---|---|---|
| × | …… | …… | × |
| × | …… | …… | × |

・別表の全部を改める

×別表第１及び別表第２を次のように改める。
別表第１（第○条関係）

| | | | |
|---|---|---|---|
| × | …… | …… | × |
| × | …… | …… | × |

別表第２（第◇条関係）

| | | | |
|---|---|---|---|
| × | …… | …… | × |
| × | …… | …… | × |

２）　表を削る

・項の表を削る

×第８条第２項の表を削る。

・別表を削る

×別表第３を削る。

３）　表の追加

・項に表を加える

×第81条第４項中……に改め、同項に次の表を加える。

| | | | |
|---|---|---|---|
| × | …… | …… | × |
| × | …… | …… | × |

・新たに別表を加える

×附則の次に次の別表を加える。
別表（第12条関係）

| | | | |
|---|---|---|---|
| × | …… | …… | × |
| × | …… | …… | × |

（注：複数の別表の場合は、附則の次に別表として次の５表を加える、などとする。）

・別表を追加する

×別表を別表第１とし、同表の次に次の１表を加える。
別表第２（第20条関係）

| | | | |
|---|---|---|---|
| × | …… | …… | × |
| × | …… | …… | × |

## ③ 表の一部改正

### ⑴ 表中の語句の改正

表の中の語句を改正する場合には、必要に応じて、また、可能な範囲で、表中の部分を特定し、その上で当該語句を「　」で引用して、これを改める、これを削る、これに〔次に・下に〕加える、とする。改正の方法は、条・項などと同様である。

### ⑵ 表中の区域の改正

表のうちの一部を、特定の領域（区域）ごと改正する場合は、項・欄で特定できればこれにより、その全部を改正する。改める場合は、「次のように改める」とし、新しい部分をその本来の位置に置く。削る場合は、その部分を「削る」とするが、整理を伴うことが多い。加える場合は、「次のように加える」とするが、これは項単位で行うのが通常である。

項・欄で特定しがたい場合は、罫線も含めて領域を「　」で該当部分を引用し、これを「改める」とする。一部を削る場合も、一部を加える場合も、この改める方式で行うことになる。

### ⑶ 表の項による改正

表の項が、一連の番号を付されている場合には、改正は、その単位によって特定して行うことになる。番号は、「項」と称する場合もあるし、「号」と称される場合もある。いずれにしても、「削る」「加える」による改正では、これらの移動が必要となる。移動は、通常の条や項と同様である。

＊規定例

１）　表中の語句の改正

×別表第１の14の項中「申立て」の次に「又は労働審判法による労働審判申立て」を加え、「調停を求める」を「調停又は労働審判を求める」に改める。

×別表第１俸給月額の欄中「2,255,000円」を「2,227,000円」に、……に改める。

２）　表の一部の改正

・表の項の一部を改める

×第11条の２第１項の表の第１号の左欄〔上欄〕及び中欄を次のように改める。

| | | |
|---|---|---|
| × | ⑴　大規模地震対策特別… | 当該機械及び装置その… |

・表の項の全部を改める

×第14条第５項の表の租税特別措置法第37条第６項の項、租税特別措置法第37条第７項及び第８項の項及び租税特別措置法第37条第９項の項を次のように改める。

| | | | | |
|---|---|---|---|---|
| ×<br>×<br>× | 租税特別措<br>置法第37条<br>６項 | 第１項の規定は、<br>同項 | 阪神・淡路大震災の被災者<br>等に係る国税関係法律の臨<br>時特例に関する法律… | ×<br>×<br>× |
| ×<br>×<br>× | 租税特別措<br>置法第37条<br>第７項 | 第１項 | 阪神・淡路大震災の被災者<br>等に係る国税関係法律の臨<br>時特例に関する法律… | ×<br>×<br>× |
| ×<br>×<br>× | 租税特別措<br>置法第37条<br>第８項 | 、第６項 | 阪神・淡路大震災の被災者<br>等に係る国税関係法律の臨<br>時特例に関する法律… | ×<br>×<br>× |
| × | | 同条第６項 | 第33条第６項 | × |

### 3） 表の一部の追加と移動

・号による表に１号加える

×別表第１第25号を同表第26号とし、同表第22号から第24号までを１号ずつ繰り下げ、同表第21号の次に次のように加える。

| | | |
|---|---|---|
| × | (22)　信託会社若しくは外国信託会社の信託業の免許…… | × |

（注：第21号の次に次の１号を加える、とする場合もある。）

・項による表に１項加える

×別表第３中……に改め、同表中４の項を５の項とし、３の項の次に次のように加える。

| | | | | | | |
|---|---|---|---|---|---|---|
| ×<br>× | ４ | 第１種住居地域、第２種住居地域、… | | 35メートル | 1.5 | ×<br>× |

・表に１項を挿入する

×第41条の13第12項の表第５条の２第17項の項中「第５条の２第17項」を「第５条の２第19項」に改め、同表第５条の２第13項の項の次に次のように加える。

<table>
<tr><td rowspan="2">×</td><td rowspan="2">第５条の２第17項</td><td>第１項の</td><td>第41条の13第１項の</td><td rowspan="2">×</td></tr>
<tr><td>、第１項</td><td>、同条第１項</td></tr>
</table>

・表の末尾に加える

×別表第１に次のように加える。

| | | | |
|---|---|---|---|
| ×<br>× | 裁判員の参加する刑事裁判に関する法律 | 第21条第１項及び第２項、… | ×<br>× |

### 4）　表の一部を削る改正と移動

・号による表から１号を削る

×第12条第２項の表第54号を削る。

・項で特定して削る・加える

×第１条の表国立国会図書館支部日本学術会議図書館の項を削り、同表国立国会図書館支部内閣府図書館の項の次に次のように加える。

×

| | |
|---|---|
| 国立国会図書館支部日本学術会議図書館 | 内閣府 |

×

### 5）　表の部分をカギ括弧で引用することによる改正

・表の区画の一部を改め、削る

×第27条第１項の表第３条第１項の項中

「

| | |
|---|---|
| 任命権者 | 自衛隊法（昭和29年法律第165号）第31条第１項の規定により同法第２条第５項に規定する隊員の任免について権限を有する者（以下「任命権者」という。） |

」を

「

| | |
|---|---|
| 、任命権者 | 、自衛隊法（昭和29年法律第165号）第31条第１項の規定により同法第２条第５項に規定する隊員の任免について権限を有する者（以下「任命権者」という。） |

」に改め、

「

| | |
|---|---|
| 人事院規則で定める特別の事情 | 政令で定める特別の事情 |

」を削る。

・表に一部の区画を加える

×別表第一のうち二　総領事館の表アジアの項中

「

| | | |
|---|---|---|
| 在ダバオ日本国総領事館 | フィリピン | ダバオ |

」を

「
<table>
<tr><td>在ダバオ日本国総領事館</td><td>フィリピン</td><td>ダバオ</td></tr>
<tr><td>在ダナン日本国総領事館</td><td>ベトナム</td><td>ダナン</td></tr>
</table>
」に改める。

・表の一部の区画を削り、整理する

×別表第１第１号の表中「
<table>
<tr><td>酒造組合</td><td rowspan="3">「酒税の保全及び酒類業組合…</td></tr>
<tr><td>酒造組合中央会</td></tr>
<tr><td>酒造組合連合会</td></tr>
<tr><td>首都高速道路公団</td><td>首都高速道路公団法…</td></tr>
<tr><td>酒販組合</td><td rowspan="3">酒税の保全及び酒類業組合…</td></tr>
<tr><td>酒販組合中央会</td></tr>
<tr><td>酒販組合連合会</td></tr>
</table>
」を

「
<table>
<tr><td>酒造組合</td><td rowspan="6">酒税の保全及び酒類業組合…</td></tr>
<tr><td>酒造組合中央会</td></tr>
<tr><td>酒造組合連合会</td></tr>
<tr><td>酒販組合</td></tr>
<tr><td>酒販組合中央会</td></tr>
<tr><td>酒販組合連合会</td></tr>
</table>
」に改める。

・表の一部の区画を削る

×別表第一第一号の表中「
<table>
<tr><td>厚生年金基金</td><td rowspan="2">厚生年金保険法</td></tr>
<tr><td>厚生年金基金連合会</td></tr>
</table>
」を

「

| 厚生年金基金 | 厚生年金保険法 |
| --- | --- |

」に改める。

（注：これらの区画の引用による改正は、表の項単位での改正がなじまない場合に使われる。項の一部分を改めたり、欄の部分を増減させたり、といった場合である。項単位で、その全部を改める・その項を削る・項を新たに加える場合は、項の特定によって行うのが通常である。）

## ④ 表の備考・注・様式等の改正

### ⑴ 備考・注の改正

表には備考や注が付されているものがある。この改正は、表を特定し、その表の「備考」や「注」の部分をさらに特定して改正する。基本的には表の改正、条・項の改正に準じて行えばよい。ただし、全部を改める、新たに加えるような場合は、その置かれる位置に注意する必要がある。

### ⑵ 様式等の改正

様式等の全部を改める場合は、その様式等を特定して全部を「次のように改める」とする。様式等の部分の一部改正は、語句の改正を除き、項や号で特定できるような場合は稀であって、一般的にはカギ括弧でその部分を引用して改正する。

＊規定例

1）　備考中の語句の改正

×別表第２の備考㈠⑴及び別表第４の備考㈡中「、老年者」を削る。

2）　別表の関係条文注記の改正

×別表第１中「別表第１（第２条、第19条関係）」を「別表第１

（第２条、第５条、第７条、第19条、第24条関係）」に改める。

×別表第１中「別表第１」を「別表第１（第３条―第６条関係）」に改める。

3）　表に備考を加える

×別表第１に備考として次のように加える。
×備考　平成17年度以後の各年度に属する月の項の政令で定める率×××は、……

4）　付録の改正の例

×付録第６を付録第７とし、付録第５の次に次の付録を加える。
付録第６　（第９条第１項、第45条第３項関係）
〔略〕

5）　様式の改正の例

・様式中の語句を改める

×様式第１から様式第４まで中「経済産業局長」を「産業保安監督部長」に改める。

・様式を削り、移動する

×様式第62を削り、様式第61の２を様式第62とする。

・様式を加える

×様式第67の次に次の４様式を加える。
様式第67の２（第104条の２関係）
〔略〕
………
様式第67の５（第104条の５関係）
〔略〕

# 5 改正前後の表による改正

## ① 表による改正方法

この改正方法は、規定又は規定の部分を特定してこれを改正するとする改正と同じではあるが、改正対象規定・部分の特定とその改正後の規定・部分とを対照表によって示し、そのように改正するとするものである。いわゆる新旧対照表による改正である。国の法令では、府令・省令がこの方法を採用しているほか、一部の地方公共団体でも使われている。

かつて国の法令でこの方法を採用しようと検討が加えられたことがあったが、いろいろな課題や問題が提示されて、結局立ち消えとなった。最も大きな点は、対照表で傍線などを使って改正対象を特定しようとしても、必ずしも明確に特定できるとは限らず、また、傍線部分とそうでない部分とが存在する結果、法的な効力を持つ部分とそうでない部分が、法的効力を持つべき法令中に同時に混在することになる点であろう。そのほか、傍線の対象の意味が正確・明確に把握できるか、これに対応した改正規定をどのように設定するか、未施行の一部改正法令の一部改正はどのようにするか、法令案が場合にもよるが膨大な量になることがある、関連して法令案の審議段階における修正案の立案をどうするか、などが指摘され、結論として、新旧対照表は、法令案や法令の参考資料として作成されるものであり、これを法令そのものにすることは困難であると考えられた。

しかし、一部改正法令の規定を読んだだけではその内容を直ちに把握することは、実際上容易ではないことが多く、新旧対照表の方が分かりやすいというのも事実だろう。また、特に表や様式・書式などの改正ではこの方が起案しやすいということもあるだろう。これらを踏まえて、府令・省令ではこの方式が採られてきているところであろう。規定の方法・方式は必ずしも統一されているとは限らないが、ここでは一般的な方式をまとめておく。

## ② 表における改正対象の特定

表は、改正後の規定を上欄に、改正前の規定を下欄に、それぞれ掲げ、それぞれの改正対象部分に傍線（横書きでは下線）を付する。

規定の部分を改める場合は、下欄で傍線を付した部分を上欄でこれに対応した傍線を付した部分に改める、とする。

規定の部分を削る場合は、下欄で傍線を付した部分に対応する部分が上欄にない場合に、その傍線部分を削る、とする。

規定に一部を加える場合は、上欄中の加える部分に傍線を付し、下欄はこれに対応する部分は掲げられていないので、傍線を付した部分を加える、とする。

条・項・号などの規定の全部を改正する、移動する場合は、条名・項番号・号名（これを「標記部分」と称する）及び改正部分に二重傍線（横書きでは二重下線）を付し、標記部分が上欄と下欄で同じなら、その規定を全部そのまま改める、標記部分が異なるなら、上欄の標記部分に移動する、とする。

表などの部分を改正する場合は、その部分及び対応する部分を破線で囲い、規定と同様に、改める、削る、加える、とする。

基本的には以上のような特定によって対照表に掲げるが、傍線などの部分は、改正後の規定そのものに含まれるわけではないので、表に備考を付して、傍線などは注記である旨を記載するようにしている。同じように、各欄に「（新設）」、「（削る）」、「（略）」などの注記をする場合があるが、これも単なる注記として扱うことになる（改正後の規定には当然含まれない）。

なお、原則として、表は必要に応じて掲げる規定の範囲を定めることになる。1表だけでも可能であるが、2表以上になる場合には、その表ごとにそれぞれに対応した改正規定を置くことになる。

## ③ 改正規定（表の柱書）

基本的にこのような対照表を掲げることになるので、その表の前に、この表に従ってどのように改正するかを示す改正規定を置くことになる。

まず、改正文は、通常の改正文と同じである。

> ○○省令（××年○○省令第△△号）一部を次のように改正する。

ただし、次のような改正の仕方もあるようである。表の前に置く改正規定と改正文を合わせた形であり、個々の改正も表の前に付したカッコ書きですべてカバーしている、ということになる。

> ○○省令（××年○○省令第△△号）の一部を次の表のように改正する。
>
> （傍線部分は改正部分）
>
> （表）　略

改正規定を表の前に置くことになるが、表は改正前欄を上欄（横書きでは左欄）、改正後欄を下欄（横書きでは右欄）に置き、改正対象規定をそれぞれ対応させて掲げ、改正対象部分に傍線・二重傍線（下線・二重下線）を付し、又は破線で囲む。なお、前述のように備考を付するのが一般的である。

それぞれの改正方法の一般的な改正規定は次のようになる。実際にはこれらを必要に応じて組み合わせることになる。(表は略)

なお、最も簡便な改正規定としては次のような例がある。

> 次の表のように改正する。
>
> （傍線部分は改正部分）

・規定の一部を改める

> 次の表により、改正前欄に掲げる規定の傍線を付した部分をこれに対応する改正後欄に掲げる規定の傍線を付した部分のように改める。

・規定に一部を加える

次の表により、改正後欄に掲げる規定の傍線を付した部分で改正前欄にこれに対応するものを掲げていないものは、これを加える。

・規定の一部を削る

次の表により、改正前欄に掲げる規定の傍線を付した部分で改正後欄にこれに対応するものを掲げていないものは、これを削る。

・条・項などの全部を改める、加える、削る

次の表により、改正前欄及び改正後欄に対応して掲げるその標記部分に二重傍線を付した規定は、当該規定を改正後欄に掲げるもののように改める。

次の表により、改正後欄に掲げるその標記部分に二重傍線を付した規定で改正前欄にこれに対応するものを掲げていないものは、これを加える。

次の表により、改正前欄に掲げるその標記部分に二重傍線を付した規定で改正後欄にこれに対応するものを掲げていないものは、これを削る。

・条・項などを移動する

次の表により、改正前欄及び改正後欄に対応して掲げるその標記部分に二重傍線を付した規定は、改正前欄に掲げる当該規定を改正後欄に掲げる規定として移動する。

・表の一部などを改める、加える、削る

次の表により、改正前欄に掲げる規定の破線で囲んだ部分を改正後欄に掲げる規定の破線で囲んだ部分のように改める。

次の表により、改正後欄に掲げる規定の破線で囲んだ部分で改正前欄にこれに対応するものを掲げていないものは、これを加える。

次の表により、改正前欄に掲げる規定の破線で囲んだ部分で改正後欄にこれに対応するものを掲げていないものは、これを削る。

・複合の例

次の表により、改正前欄に掲げる規定の傍線を付し又は破線で囲んだ部分をこれに順次対応する改正後欄に掲げる規定の傍線を付し又は破線で囲んだ部分のように改め、改正前欄及び改正後欄に対応して掲げるその標記部分に二重傍線を付した規定（以下、この条において「対象規定」という。）は、改正前欄に掲げる対象規定を改正後欄に掲げる対象規定として移動し、改正後欄に掲げる対象規定で改正前欄にこれに対応するものを掲げていないものは、これを加える。

・表の一例

次の表により、改正前欄に掲げる規定の傍線を付し又は破線で囲んだ部分をこれに順次対応する改正後欄に規定の傍線を付し又は破線で囲んだ部分のように改める。

| 改正後 | 改正前 |
| --- | --- |
| （指定を受けたものとみなす特定装置）<br>第５条　法第75条の３第８項の国土交通省令で定める特定装置は、次の表の上欄に掲げるものとし、同項の認定その他の証明は、同表の上欄に掲げる特定装置の種類に応じ、国 | （指定を受けたものとみなす特定装置）<br>第５条　法第75条の３第８項の国土交通省令で定める特定装置は、次の表の上欄に掲げるものとし、同項の認定その他の証明は、同表の上欄に掲げる特定装置の種類に応じ、国 |

土交通大臣が告示で定める国が、車両並びに車両への取付け又は車両における使用が可能な装置及び部品に係る調和された技術上の国際連合規則の諸採択並びにこれらの国際連合の諸規則に基づいて行われる認定の相互承認のための条件に関する協定に附属する同表の下欄に掲げる規則に基づき行う認定によるものとする。

| 特定装置の種類 | 規則番号 |
|---|---|
| 1～11の4（略） | （略） |
| 11の5　第2条第11号の5の運転者席 | 第125号改訂版<br>第125号第2改訂版 |
| 12～15の3（略） | （略） |

（以下略）

土交通大臣が告示で定める国が、車両並びに車両への取付け又は車両における使用が可能な装置及び部品に係る調和された技術上の国際連合の諸規則の採択並びにこれらの国際連合の諸規則に基づいて行われる認定の相互承認のための条件に関する協定に附属する同表の下欄に掲げる規則に基づき行う認定によるものとする。

| 特定装置の種類 | 規則番号 |
|---|---|
| 1～11の4（略） | （略） |
| 11の5　第2条第11号の5の運転者席 | 第125号第2改訂版 |
| 12～15の3（略） | （略） |

（以下略）

Basic knowledge of legislation

# 第3部

# 法令用字及び法令用語

# 第1章

# 法令における表記

# I　法令の用字

## ①　用字

### (1)　原則

日本の法令は、日本語によって表現する。成文法であるから、これを文字によって固定する。したがって、日本の法令は、日本語の文字、つまり漢字と仮名によって表記することになる。このほか、数字と若干の記号を使用する。

### (2)　用字の基準

法令における用字については、次のような基準がある。元の基準は、必ずしも法令専用ではないが、ほぼこれらを利用することとしている。

・法令における漢字使用等について（平成22年11月30日内閣法制局総総第208号）

　　←公用文における漢字使用等について（平成22年11月30日内閣訓令第１号）

　　　←常用漢字表（平成22年11月30日内閣告示第２号）

　　←送り仮名の付け方（昭和48年６月18日内閣告示第２号）

・現代仮名遣い（昭和61年７月１日内閣告示第１号）

・法令における拗音及び促音に用いる「や・ゆ・よ・つ」の表記について（昭和63年７月20日内閣法制局総発第125号）

・外来語の表記（平成3年６月28日内閣告示第２号）

（なお、p64参照）

### ⑶ 数字

数字は、縦書きであれば漢数字を、横書きであれば算用数字（アラビア数字）を用いるのが原則であるが、例外がいくつかある。

## ② 漢字

### ⑴ 常用漢字

漢字は、「法令における漢字使用等について」に基づいて、「公用文における漢字使用等について」に準拠し、「常用漢字表」を用いることとしている。これは、内閣の定めたものであるが、国の法令表記の統一を図るために、国の行政機関に限らず、国、地方公共団体を通じてすべて法令に適用することとされている。音訓もこれによる。

### ⑵ 常用漢字以外の漢字

常用漢字以外の漢字は、原則として用いないこととされているが、言葉によってはそのような漢字を前提とする場合もある。このような場合には、まず、誤解が起こらないようであれば仮名で書く。ただし、仮名書きにする際、単語の一部だけを仮名に改める方法は、できるだけ避ける。次に、どうしてもその漢字を使わなければならないものであれば、その漢字を使い、これにふりがな（ルビ）を付ける。ただし、ふりがなは、原則として、その法令の初出のもの（見出しを除く）だけに付け、後出のものには付けない。

常用漢字以外の漢字で法令において使用するものについては、「法令における漢字使用等について」が定めている。なお、古い法令のうちに、常用漢字以外の漢字であってこれに定められていないものが使われている場合には、改正の際に改めるのが原則であり、改正されない以上は、そのまま使用することになる。

### ⑶ 字体

字体は通用字体を用いるとされている。また、公布時において旧字体が使用されていても、これに相当する通用字体によっているものとして扱うこととされる。したがって、改正等の措置を要せず、通用字体となっていることとなる。引用も通用字体でよい。

### (4) 文字

通常、法令を公布する官報では、漢字・仮名ともに明朝体を用いているが、これには特に決まりがあるわけではない。どのような字体を使ってもよいとはいえるが、あまり特殊なものは避ける、という程度のゆるやかな扱いになっている。また、法令集などでは条名をゴシックにする例が多いが、これも決まっているわけではない。見やすいための便宜にしか過ぎない。

文字の大きさも決まっているわけではない。これは適宜その用途等に従って決めるべきものである。ただし、原則として同じ大きさであることは要請されよう。

＊ひらがな混じりの例

堰堤→えん堤　　橋梁→橋りょう　　出捐→出えん

＊ルビを振る例

按《あん》分　　瑕《か》疵《し》　　幇《ほう》助　　涵《かん》養　　砒《ひ》素　　賭《と》博　　姦《かん》淫　　昏《こん》酔

埠《ふ》頭　　賄賂《ろ》　　心裡《り》

## ③ 仮名

### (1) 現代仮名遣い

仮名は、ひらがなを主体とする。仮名の使い方は、「現代仮名遣い」による。カタカナ主体の歴史的仮名遣いは、現在では、これらによっている古い法令の改正以外には使わない。これらの古い法令においても、その改正の際、編や章・節単位で新たに加える場合には、その単位においてはひらがな・現代仮名遣いによることとされている。古い基本的な法律である民法、刑法、会社法なども、全面的な改正によりひらがな・現代仮名遣いに衣替えしてきているところである。

### ⑵ 拗・促音

拗音・促音に使われる「や・ゆ・よ・つ」は、現代仮名遣いではなるべく小書きにするとされている。国の法令では、カタカナについては原則として小書きが行われてきたが、ひらがなについては昭和63年12月以降小書きにすることとなった。ただし、これ以前の法令の一部改正で溶け込む部分（章、節等一定の単位で新たに追加するような場合を除く）、これ以前の法令を引用して読み替える部分（読替え適用や準用の読替え）、漢字のふりがなの部分については、例外となる。

## ④ 送り仮名

送り仮名は、「法令における漢字使用等について」により、原則として「送り仮名の付け方」によることとされる。単純化すれば、活用語は、原則として活用語尾を付けるが、「分かる・分ける・分かつ」のように、いくつかの読み方がある場合には、この表記のように異なる部分の語尾を付ける。活用のない語もこれに準ずるが、付けないこともある。複合語では、読み間違いのおそれのないもの、慣用によって固まっていると考えられるものについては、送り仮名を省略することができる。法令においてはこの後者の例は多く、例えば「訴訟手続」「申立て」「取扱い」「取消し」などがある。

## ⑤ 句読点

### ⑴ 原則

法令も文章によって表現されるから、通常の文章表記と同様、句読点を使う。「公用文作成の考え方」は、句点には「。」（マル）、読点には「、」（テン）を用いることを原則とする。ただし、横書きでは事情に応じて「，」（コンマ）を用いることができる、としている。したがって、句読点は、「。」と「、」が原則である。なお、廃止された「公用文作成の要領」の「第11章　記号の用い方について」では、「。」及び「、」又は「，」を使用するとしていたので、横書きでは「。」と「，」を使用する例が多くなっていたし、法令関係論文などでは「.」（ピリオド）・「,」によるものが増えていた。

なお、コロン「：」やセミコロン「；」は、原則として法令では使っていない。この「考え方」では、コロンは項目とその内容・説明等を区切る、文中の語とその説明とを区切る等の用い方をする、とされている。「・」（ナカテン）については、法令では組織名称などで語句を並列する場合に限定的に使われている。

### ⑵　句点の用法

句点は、文の区切りに使い、読点は文中の区切りに使うのが原則である。

句点については、文が主語・述語によって構成されるから、述語によって文が締め括られ、ここに句点が付けられる。ただし、主語がない文もある。

法令においては、文でない場合には、原則として句点を付けない。各号列記は、通常は文ではないので、したがって、句点を付けない。ただし、各号列記が「…こと」「…とき」で終わるときは、（実際には文と同様と考えられるので）それぞれ句点を打つ。また、各号や括弧書き中で、次に文が続くなど語句に区切りを付けなければならない場合には、その前の語句に句点を打って区切る。

### ⑶　読点の用法

読点は、文の中を区切り、読みやすくするとともに、語句と語句との関係を明確にするために打つ。法令においては、「…は」で表現される主語の後、「ただし」など文を接続する接続詞の後、活用のある語を並べる場合、事物を３以上列挙する場合などに打つなど、だいたいの傾向はあるが、特に決まりはない。読点については、語句の係り具合を明確にするなど、正確な意味を表すためにどこに打つべきか、注意して検討する必要がある。

＊「・」ナカテンの使用例

１）目次

第32章　脅迫の罪（第222条・第223条）

2）　制度名称など

食料・農業・農村基本法

森林・林業基本法

高齢・障害・求職者雇用支援機構

＊句点の使用例

1）　各号の末尾が「こと」・「とき」である場合

…ただし、次の各号に掲げるいずれかの事由があると認められる裁判員候補者については、この限りでない。
×(1)　第13条に規定するものに該当しないこと。
×(2)　第14条の規定により裁判員となることができない者であるこ××と。
　　〔略〕

……次の各号のいずれかに当たる場合には、裁判所は、決定で、10万円以下の過料に処する。
×(1)　呼出しを受けた裁判員候補者が、…正当な理由がなく出頭し××ないとき。
×(2)　裁判員又は補充裁判員が、正当な理由がなく第39条第２項の××宣誓を拒んだとき。
　　〔略〕

2）　体言の後に文が続く場合

…国民年金法等の一部を改正する法律（昭和60年法律第34号。以下「昭和60年改正法」という。）…

…次の各号のいずれかに該当する者は、裁判員となることができない。

×(1)　学校教育法に定める義務教育を終了しない者。ただし、義務
××教育を終了した者と同等以上の学識を有する者は、この限りで
××ない。
〔略〕

＊読点の使用例

1）　主語の後

裁判員は、独立してその職権を行う。

2）　ただし書、後段など

……ただし、受託裁判官として関与した場合は、この限りでない。

……この場合において、裁判長は、相当と認めるときは、裁判員候補者に対して、当該求めに係る質問をするものとする。

3）　語句の並列

……学校教育における発達障害者への支援、発達障害者の就労の支援、発達障害者支援センターの指定等について定めることにより…

都道府県の区域において電気、ガス、輸送、通信、医療その他の公益的事業を営む法人

…資料又は情報の提供、意見の陳述その他必要な協力を求める

検察官、被告人又は弁護人は、…の解任を請求することができる。

…その身分を示す証明書を携帯し、かつ、関係人の請求があるときは、これを提示しなければならない。

（参照：現金は、最も確実かつ有利な方法によりこれを保管しなければならない。）

職員が公務上負傷し、若しくは疾病にかかり、又は通勤により負傷し、若しくは疾病にかかった場合においては、療養補償として必要な療養を行い、又は必要な療養の費用を支給する。

4） 別表等の関係条文注記

別表第１（第３条、第４条、第６条関係）

様式第３号（第５条、第７条関係）

## ⑥ 記号

### (1) 原則

法令中で、数字や番号も含めて記号を使うことは、必要に応じて認められる。その頻度や必要性は、一般的に下位法令ほど高まるといえるだろう。しかし、どんな記号でも使ってよい、というわけではなく、やはり国の法令の統一性を顧慮しなければならない。

### (2) 番号・記号

条以外の規定に番号などを付する場合には、次のような扱いが一般的である。

縦書き　項＝１、２…、号＝一、二…、以下、イ、ロ…、(1)、(2)…、(i)(ii)

横書き　項＝１、２…、号＝(1)、(2)…、以下、イ、ロ…、(イ)、(ロ)…

このほか、表などでは必要に応じて、(い)、(一)、Ａ、Ｂ、(a)、(b)などを使うこともある。

なお、イ、ロ、ハ…のほか、ア、イ、ウ…を使う例もある。

### (3) 数字

数字の表記は、縦書きでは漢数字が原則であるが、横書きの表や表の中の横書きでは算用数字を使う。漢数字では、千・百・十には一を付けないこととしている。また、小数点は「・」を使う。分数は「三分の一」のように

「分」を用いる。なお、漢数字でも、表の中などでは、兆・億・万・千・百・十を使わずに、３桁ごとに「、」を使って表記する場合がある。

横書きの場合は、算用数字で表記するが、金額などの場合は原則として３桁ごとに「,」を付する。また、「500万円」などのように、漢数字と組み合わせることもないではない。小数点は「.」による。分数は原則として「３分の１」のようにする。

いずれの場合でも、序数を表すときは、原則として「第」を付する。

### ⑷ 括弧

括弧は、次のような場合に使うのが原則である。

#### ① 括弧（ ）

・条・項の見出し

・法令の正式名称における法令番号

・目次における条名の表示

・規定中の定義・概念の変更・確認、略称

・語句の置き換え

・引用条文の注記（税法関係など）、罰則の付記（道路交通法）、表の関係条文の付記

#### ② カギ括弧「 」

・定義規定、略称規定における語句の特定

・準用、変更適用における引用と読替え

・一部改正法令における改正対象部分等の引用（特定）

### ⑸ その他の記号

そのほかの記号としては、算式や元素記号、ダッシュなどがある。これは必要に応じて使うというほかない。

＊語句の置き換え、概念の変更の場合の括弧の使用例

地方公共団体の組合の管理者（地方自治法第287条の２第２項の規

定により管理者に代えて理事会を置く一部事務組合にあっては、理事）

収容施設（応急仮設住宅を含む。）

団体又は個人がする協力（第80条第１項の協力を除く。）

市町村長（当該都道府県の区域内の市町村の長に限る。）

＊カギ括弧の例

1）　改正における特定

×第２条中「防止し、被害者を保護する」を「防止するとともに、被害者の自立を支援することを含め、その適切な保護を図る」に改める。

2）　定義・略称規定

×この法律において「国民の保護のための措置」とは、………をいう。

…都道府県の知事その他の執行機関（以下「都道府県知事等」という。）…

3）　読替規定

…第54条第７項の規定は、…した場合について準用する。この場合において、同項中「市町村の長（第１項及び第５項の市町村長を除く。）」とあるのは「市町村の長」と読み替えるものとする。

…第125条の規定の適用については、同条第１項中「第78条第１項」とあるのは「第56条の10第１項」と、…とする。

＊数字の例

1）　横書き

令和 3 年12月31日　　8,700円　　50万円
100分の15　　0.988

2）　縦書き

令和三年十二月三十一日
八千七百円（八、七〇〇円）
五十万円
百分の十五　〇・九八八

＊ダッシュ「—」の例（目次）

×第10章　罰則（第188条—第194条）

# 第2章

# 法令用語

# I 法令に用いる用語

## ① 法令に用いる用語

法令に用いる用語は、基本的には、特殊な言葉、特別な用語ではない。原則として日常用いる言葉による。法令は、国民に理解されなければならないから、それを構成する言葉も、日常生活で使われる言葉からかけ離れたものであってはならない。平明であること、分かりやすいこと、簡潔であることなどの要請は、法令を起案する上で最も留意しなければならない。しかし、他方、法令は正確・明確であることもまた必要であり、したがって、すべて一般的な口語によるとはいいがたく、その性質上、文語的な表現も多い。できる限り、分かりやすさと正確さの両方の要請を満たすことが求められる。

このような観点から、法令に用いる用語を改善していく試みが続けられている。現在は、「法令における漢字使用等について」（平成22年11月30日内閣法制局総総第208号）にまとめられている。

## ② 外来語・専門用語

### (1) 外来語

法令においても、外来語の方が分かりやすい場合にはこれを用いているが、日常生活で使われているからといって、安易に法令に用いるわけにはいかない。一般性、概念の明確性、他に適当な日本語がないか、などの検証が必要である。

一般の外来語表記については、「外来語の表記」が定められている。カタカナで表記し、一般的な仮名である第１表と、原音や原つづりになるべく近く書き表そうとする場合の仮名である第２表（ウィ、ヴァなど）とに分かれ、留意事項が定められている。

### (2) 専門用語

専門用語については、旧文部省（現文部科学省）編集の学術用語集があり、それぞれの専門分野ごとに用語が編纂されている（専門用語の統一に関する次官会議申合事項・昭和29年7月８日）。また、その基準として「学術用語審査基準（昭和44年９月９日学術審議会用語分科会決定）」がある。

＊法令に用いられている外来語の例

・ダム　ボイラー　タンク　アルコール　ボート　エネルギー　メール　スポーツ　センター　マンション　イノベーション　ホームレス　コンテンツ　テロリスト　ボランティアなど

・採用されなかった例　リゾート　ＮＰＯなど

## ③ 法令用語

### (1) 意義

法令には、通常の用語が使われるのが原則であるが、専門的な用語、法令に特有な用語、法学上の特別な概念など、特別・特殊な用語や使い方があることは否定できない。これは概念や規範の正確性・明確性を確保する上でやむを得ないことといわざるを得ない。一般に、法令において特有の意味を持って、あるいは特有な使い方をする用語があり、これを広く法令用語といっている。しかし、「法令用語」の意義は、必ずしも一義的ではない。

最広義の「法令用語」は、法令で使用されている用語、という漠然とした意味になるだろう。これには、日常に使われる用語が、それぞれの法令で定義付けられて使われたり、定義付けられなくても一定の外延と内包を持つと予定されて使われたりするものなどがある。このような言葉は、同じ用語であっても、用いられる法令によって用法も意味も異なることが多い。

次に、広義では、例えば「日常用語では同じような意味の言葉として使われているものでも、法令上は意味の上で区別があるものとして使い分けられたり、日常用語とは若干異なった意味を有するものとして法令上使われたりする特殊な用語」などといわれる。これが一般的な意味での法令用語だろう。

このような意味の法令用語は、基本的な概念の名詞だけでなく、述語や接続詞で、法令文一般において特別な意味・用法を持って使用されるものもある。これらの概念や使い方は、慣習的に定まっているといえる。ここでは特にこれらをテクニカル・タームと呼ぶこととし、主なものを第２節で分説する。

なお、用語によっては附則においてのみ使われるものもないとはいえないが、一般的には法令用語を本則用・附則用と区別する理由はない。

狭義においては、例えば、「過失」「悪意」「抵当」といった、基本的な法令における基本的な概念の用語を意味するだろう。講学上の概念が基本であることが多い。

### ⑵　講学上の用語と法令上の用語

法学・法律学において使われる基本的な概念は、基本的には、どの法令においても同じ意味を持って用いられるのが原則である。例えば、民法における「人」「物」「意思能力」「意思表示」「物権」「不法行為」「婚姻」「相続」などの用語は、講学上も民法上も、また他の法令においても、原則として同じ意味を持つものとして用いられる。このことは、刑法や他の法分野においてもほぼ妥当することだろう。

しかし、講学上使われる用語であっても法令において使用されると意味が異なるものが多い。例えば、「特許」「免許」「許可」「登録」といった概念は、講学上の用語としては一応の定説があり、一義的な意味を持っているといえようが、法令上はさまざまな内容を付与されていて、多義的といってよい状況にある。これは、あえていえば、それぞれの法令がその目的に適した制度を組み立て、その制度にこれらの用語を当てはめて構成しているからである。このことは、狭義の法令用語に限られず、法令に用いられる用語一般についても妥当するといっても過言ではない。これを概念の相対性ということができるだろう。

# 2 法令用語

## ① 又は・若しくは

### ⑴ 又は

あるモノ・コトと他のモノ・コトとを結び付ける場合において、選択的な結び付きをする接続詞が「又は」である。アレかコレか、と選択する場合に用い、英語のORに相当するといわれる。しかし、ある複数の行為を禁止する場合には、その行為の接続には「又は」を用いるが、これは、アレもコレも「してはならない」という意味になる。

### ⑵ 又はと若しくは

選択肢が３以上になる場合は、読点で結び、最後に「又は」で接続する。選択肢がいくつかの集団・段階に分けられる場合には、最大の集団相互・最高位の段階の結び付きに「又は」を用い、それより小さい集団・下位の段階の結び付きには「若しくは」を用いる。形式的には下位の段階の区別はつかないが、実務上は、より大きな集団・高位の段階について「大若しくは」、より小さい集団・下位の段階について「小若しくは」と呼んで、意味の上での区別をする。

### ⑶ 及び又はの又は

意味の上では、選択的な「又は」と、併合的な「及び」との両方を含む場合がある。この場合も、通常は「又は」を使い、実務上、「及び又はの又は」と呼んでいる。英語では「AND/OR」と表記する例であるが、日本語でこの両方を正確に表現する場合には、煩瑣にはなるが、この両方を使って場合分けをせざるを得ない。

＊使用例

1）　通常の並列選択

処分又は裁決に関する訴訟

大気の汚染、水質の汚濁、土壌の汚染又は悪臭の原因となる物質の排出

詐欺その他不正の行為により、分担金、使用料、加入金又は手数料の徴収を免れた者については…

2）　多段階の選択

委員会若しくは委員の事務局又は委員会若しくは委員の管理に属する事務を掌る機関

公然とわいせつな行為をした者は、６月以下の懲役〔拘禁刑〕若しくは30万円以下の罰金又は拘留若しくは科料に処する。

普通地方公共団体の財産は、条例又は議会の議決による場合でなければ、これを交換し、出資の目的とし、若しくは支払手段として使用し、又は適正な対価なくしてこれを譲渡し、若しくは貸し付けてはならない。

条例の制定若しくは改廃の請求者の署名を偽造し、若しくはその数を増減した者又は署名簿その他の条例の制定若しくは改廃の請求に必要な関係書類を抑留、毀損若しくは奪取した者は、…

## ②　及び・並びに

### ⑴　及び

ある事物・事象・行為などと他の事物・事象・行為などとを結び付ける場

合において、併合的な結び付きをする接続詞が「及び」である。アレとコレ、アレもコレも、と両方を併合する場合に用い、英語のANDに相当するといわれる。

### ⑵ 及びと並びに

併合が３以上になる場合は、読点で結び、最後に「及び」で接続する。併合が重なっていくつかの集団・段階に分けられる場合には、最小の集団相互・最下位の段階の結び付きに「及び」を用い、それより大きい集団・高位の段階の結び付きには「並びに」を用いる。形式的には最下位以外の段階の区別はつかないが、実務上は、より大きな集団・高位の段階について「大並びに」、より小さい集団・下位の段階について「小並びに」と呼んで、意味の上での区別をする。この点は、「又は・若しくは」と逆の使用になるので注意を要する。

＊使用例

１） 通常の並列併合

議長及び副議長の任期は、議員の任期による。

分担金、使用料、加入金及び手数料に関する事項については、条例でこれを定めなければならない。

２） 多段階の併合

地方公共団体の区分並びに地方公共団体の組織及び運営に関する事項

第１項の歳入並びに第２項の手数料及び延滞金の還付並びにこれらの徴収金の徴収又は還付に関する書類の送達及び公示送達については、地方税の例による。

人の健康が保護され、及び生活環境が保全され、並びに自然環境が適正に保全されるよう、大気、水、土壌その他の環境の自然的構成要素が良好な状態に保持されること。

## ③ かつ

### (1) 意味

併合的な意味を持つ接続詞のうち「かつ」は、複数の要件を同時に満たす場合とか、複数の行為をすべて必要とするような場合に、これを強調するものとして用いられる。「及び」よりも結び付きが強く、密接になる。

### (2) 読点の有無

活用語を「かつ」で結び付ける場合には、通常、その前後に読点を付する。ただし、名詞と名詞、形容詞と形容詞を結び付ける場合には、読点を付さないことが多い。動詞と動詞の場合もあり得る。

＊使用例

条例で定める重要な公の施設につき条例で定める長期かつ独占的な利用をさせること。

市民生活の安定及び向上に関する施策を策定し、これを総合的かつ効果的に実施しなければならない。

職員の福祉及び利益の保護は、適切であり、かつ、公正でなければならない。

## ④ 者・物・もの

### (1) 者と人

「者」は、法律上の人格を有する人（自然人又は法人）を表す。単数・複数を問わない。人以外のものには「者」を充てることはできない。つまり、法人格を有しない社団・財団は「者」には含まれない。なお、「人」が一般的・抽象的な人間・法人を指すのに対し、「者」は具体的・個別的な人間・法人を指す場合が多い（例えば、「公然と人を侮辱した者は、拘留又は科料に処する」など）。

### ⑵ 物

「物」は、人ではない、一般の有体物、物体、物件、物質を指す。

### ⑶ もの

「もの」は、次のような場合に用いられる。

① 限定や同格の場合の関係代名詞のように使われる。「○○で（あって）××もの」という表現による。この場合は、者であれ物であれ、原則として「もの」で受けることになる。

② 「者」ではない、人格のない社団・財団を指したり、人とこのような社団・財団の両方を含む場合に用いる。

③ 有体物でないものを指したり、物を含んで総称する場合に用いる。

④ さまざまな内容をまとめて単に「もの」と表現する場合に用いる（例えば、「前条に規定するもののほか」など）。

＊使用例

1） 者

> 普通地方公共団体の議会の議員及び長の選挙権を有する者

> 次の各号のいずれかに該当する者に対しては、…狩猟免許試験の一部を免除することができる。
> ⑴ 既に狩猟免許を受けている者で、当該狩猟免許の有効期間内に、…狩猟免許試験を受けようとするもの
> ⑵ 災害その他…やむを得ない理由のため、…の更新を受けなかった者

2） 物

「貴金属」とは、金の地金、金の合金の地金、…その他金を主たる材料とする物をいう。

3） もの

日本国民で年齢満25年以上のものは、…市町村長の被選挙権を有する。

普通地方公共団体の委員会若しくは委員又はこれらの管理に属する機関で権限を有するものは、…

…の鉱物の廃鉱又は鉱さいであって、土地と附合しているものは、鉱物とみなす。

…「公有財産」とは、普通地方公共団体の所有に属する財産のうち次に掲げるもの（基金に属するものを除く。）をいう。

⑴ 不動産

〔略〕

この法律に規定するもののほか、委員会の審査及び勧告並びに調停に関し必要な事項は、政令で定める。

## ⑤ 時・場合・とき

### ⑴ 時

「時」は、時刻や時点を表す場合に用いる。「場合」の意味はない。

### ⑵ 場合とときき

「場合」も、「とき」も、ともに一般的に仮定的条件を示す場合に用いられる。通常の使用における「場合」の意味である。「場合」とするか「とき」

とするかについては、一般的に明確な決まりはなく、その時々の語感や慣用による。ただし、稀に、「とき」には「時」の意味合いを持たせることがある。

### ⑶　場合とときの区別

「場合」と「とき」を使用上区別するのは、次のようなケースである。

①　条件の限定や同格の場合で、「○○の場合で（あって）××のとき」と表現する。

②　条件が重なる場合で、「…の場合において、…のとき」のように、大きな条件には「場合」を、小さな条件には「とき」を用いる。

③　前にある規定内容を受ける場合には、「場合」を用いる。後段として付加する場合には「この場合において」とし、項を改めて付加する場合には「前項の場合において」とする。

＊使用例

1）　時

規制区域の指定は、前項の規定による公告があったときは、その指定の時にさかのぼって、その効力を失う。

2）　場合

前項の場合においては、任命後最初の国会で両議院の事後の承認を得なければならない。この場合において、両議院の事後の承認が得られないときは……

3）　とき

普通地方公共団体の議会の議長は、条例の制定又は改廃の議決があったときは、その日から３日以内にこれを当該普通地方公共団体の長に送付しなければならない。

4） 場合とときとき

民法第95条ただし書の規定は、消費者が行う電子消費者契約の申込み又はその承諾の意思表示について、その電子消費者契約の要素に錯誤があった場合であって、当該錯誤が次のいずれかに該当するときは、適用しない。

普通地方公共団体の長は、前項の規定により条例の送付を受けた場合において、再議その他の措置を講ずる必要がないと認めるときは、その日から20日以内にこれを公布しなければならない。

## ⑥ 以上・以下・超える・未満

### (1) 基準値・基準点の帰属

いずれも数量的な内容を明確にするための表現をする場合に用いる。数量を明確にするためには、示された数値や時点が含まれるのかどうか、基準点や基準値がどちらに属するのか、これらが一義的に決められなければならない。

数量について、ある基準値が含まれる場合が「以」であり、基準値を含んでそれより大きい数や多い量を表すときは「以上」、小さい数や少ない量を表すときは「以下」となる。例えば、「1,000円以上」「1,000円以下」と表示する。これに対して、基準値を含まない場合は、それより大きい数や多い量のときが「超える」、小さい数や少ない量のときが「未満」「満たない」となる。例えば、「５万円を超える金額」「５万円未満」「５万円に満たない」と表示する。

### (2) 組み合わせなど

したがって、数や量が基準値を含んで連続していく場合には、「以上」と「未満」、「以下」と「超える」を組み合わせて用いることになる。「超えない」は、示した基準値以下であることを意味する。また、場合により、「以内」や「超えない範囲内」を用いることもある。

＊使用例

1） 以下・超える

150万円を超え200万円以下の金額

残存期間が５年を超え10年以下のもの

2） 以上・未満

人口75万以上100万未満の都道府県

議長又は議員３人以上の発議により、出席議員の３分の２以上の多数で議決したときは、秘密会を開くことができる。

3） 超えない

公布の日から起算して３月を超えない範囲内において政令で定める日

## ⑦ 以前・以後・前・後

### ⑴ 基準時点と期間

いずれも時間的数量、期間を表す際に、基準時との関係を明確にするために用いられる。期間については、ある時点を示し、その時点を基準にして過去か未来かで分けることになる。

基準時点を含んだ過去の方向を「以前」とし、基準時点を含んだ未来の方向を「以後」あるいは「以降」とする。「以降」は、ある時点から継続する時間の流れを特に意味するようなときに用いる。例えば、「10月１日以前」「10月１日以後」は、それぞれ基準時である「10月１日」を含む。

基準時点を含まない場合は、過去が「前」、未来が「後」となる。特に期間を限定する場合には、「以内」を用いることがあり、これは明示した期間そのものが最大限となり、その間ならばよいことになる。例えば、「10月１日前」では、10月１日は含まず、それより前（９月30日以前）という意味であり、「10月１日後」とすると、10月１日は含まず、それより後（10月２日以後）という意味になる。

### ⑵　起算日

期間の起算については、「～の日から」がその翌日を起算日とし、「～の日から起算して」がその日を起算日とする。反対に「～の日まで」とした場合はその日を末日とする期間になる。「～の日前…日以内に」は「～の日」の前日を第１日として「…日」目を期限とする期間となる。

### ⑶　期間の経過

ある期間を「経過した」あるいは「経過する」とする表現があるが、その期間の満了時点を過ぎるか過ぎないかに着目したものであり、その規定の文脈において意味を明確に把握できるようにしなければならない。

＊使用例

１）　以前・以後・以降

改正後の…法の規定は、令和４年度以降の年度の予算に係る国の負担について適用し、令和３年度以前の年度に係る経費につき令和４年度以降の年度に支出される国の負担については、なお従前の例による。

この法律は、公布の日以後初めて召集される国会の召集の日から施行する。

２）　前・後

普通地方公共団体の長は、退職しようとするときは、その退職しようとする日前、都道府県知事にあっては30日、市町村長にあっては20日前までに、当該普通地方公共団体の議会の議長に申し出なければならない。

この法律の施行前に採用され、この法律の施行後も引き続き修習をする司法修習生の修習期間及び国庫から給与を受ける期間については、なお従前の例による。

3） 以内

…選挙管理委員会は、…の申出を受けた場合においては、その申出を受けた日から14日以内にこれを決定しなければならない。

勤勉手当は、…基準日にそれぞれ在職する職員に対し、基準日以前6箇月以内の期間におけるその者の勤務成績に応じて、…支給する。

占有保持の訴えは、妨害の存する間又はその消滅した後1年以内に提起しなければならない。……

4） 経過

…の処分を受けた者でこれらの処分を受けた日から3年を経過しないもの

議会において当該普通地方公共団体の長の不信任の議決をした場合において、…、普通地方公共団体の長は、同項の期間（注：通知を受けた日から10日以内）が経過した日又は議長から通知があった日においてその職を失う。

＊期間について

期間は、時間による場合もあるが、「～から～まで」のほか、通常、日・週・月・年で表示し、「20日」「2週間」「2月」「2年」などとする。しかし、月や年では「2箇月」や「2月」など「箇」を含む使用例とそうでない例とがある。違いは特にないが、敢えていえば、期間を時間の流れとみるときには「箇」を使わず、1月単位が二つなどと単位的な感覚が強い場合に「箇」を使う傾向があるといえよう。意味は同じながら、紛らわしいので、最近は、一般的には「箇」を使わない傾向にある。

1箇月当たりの通勤手当の額

公布の日から起算して1月を経過した日

催告があったときは、その時から6箇月を経過するまでの間は、時効は、完成しない。

労働者から当該2次健康診断の実施の日から3箇月を超えない期間…内に当該2次健康診断の結果を証明する書面の提出を受けた事業者

## ⑧ 同・前・次

### (1) 同

ここでは、規定を引用する場合の特別な指示語としての「同・前・次」を取り上げる。

「同」は、直前に引用されている規定を再び引用する場合に用いる。条・項・号に限らず、章・節についても、また法律名や条例名についても、同様である。直前に引用されている規定が、条ならば「同条」、項ならば「同項」、号ならば「同号」と、それぞれ受けることになる。法律の場合は「同法」と、政令・省令であれば「同令」と、それぞれ受けることになる。また、そのように表示しなければならない。

引用されている規定が「項」であって、その直後に同じ条の異なる項を引用する場合も、「同条」と受けることができる。例えば、「第8条第1項の規定により、……を命じ、又は同条第3項の規定により……」とある場合の「同条」は、第8条を受けている。なお「第8条第1項」を受ける場合は、

「同条同項」ではなく、単に「同項」である。

ただし、この「同」は、項単位の中でのみ用いる。直前の別項で引用している規定を「同」で受けることはしない。同じ項の中であれば、後段であっても、ただし書であっても、前段や本文で引用している規定を「同」で受けることができる。「前条」や「次条」であっても、「同条」と受けることになる。

なお、「同」は、年月日についても同じように用いる。直前に引用される「年」「月」「日」は、「同年」「同月」「同日」と受けることになる。ただし、「同年同月同日」とはしない。

### ⑵ 前

「前」は、直前の規定そのものを、その規定の単位（条、項、号など）で引用・指示する場合に用いられる。例えば、条などのある規定において直前の条を引用する場合は「前条」であり、ある項や号において直前の項を引用する場合は「前項」であり、号などにおいて直前の号を引用する場合は「前号」である。章・節などについても、原則として同様である。

引用する規定が直前の連続する複数の規定である場合では、例えば、二つの条であれば「前２条」と、三つの条であれば「前３条」と、四つ以上の条であれば「第○条から前条まで」と、第１条から直前の条まですべてであれば「前各条」と引用する。項・号についても同様である。

### ⑶ 次

「次」は、「前」とは反対に、後続する直後の章・節等、条・項・号を引用・指示する場合に用いられる。ただし、「前」のように複数の規定をまとめて引用することはできない。例えば、「次条」「次項」「次号」などとし、複数の場合は「次条及び第○条」「次条から第○条まで」のように引用する。項・号についても同様である。

## ⑨ みなす・推定する

### ⑴ みなす

「みなす」は、本来異なる事物を、ある法令の適用に限って同じ事物として扱うこととする、という場合に用いる。同じ法的な扱いをすることとするから、法的効果も同一となる。ある法令の規定は、それが適用される対象を予定しているのが一般であるが、その予定されている対象以外のものも、適用対象と同一視する、と宣言するものであるから、実際には異なる事物であると立証しても、法令の適用関係が変更されるものではない。

実際の規定においては、どの規定の適用について「みなす」のかを明らかにするとともに、必要な変更適用を定めることが多く、そのために適用における読替規定を置く例が多い（これは準用における読替えとは異なる）。なお、一定の場合に「みなすことができる」とする規定がある。法律上一律に必ず「みなす」わけではなく、その規定を援用する者が「みなす」という法律効果を選択する裁量を持つことになる。

### ⑵ 推定する

これに対して「推定する」は、特別な事情がない限り、通常予測される事実関係を、法令の適用においてもそのまま本来の事実関係として取り扱う、という方針を明らかにするものである。したがって、実際の事実関係がこれと異なることを、証拠に基づいて証明することができれば、法令上もその実際の事実関係に基づいて取り扱う、ということになる。

＊使用例

1）　みなす

> この場合において、当該委託を受けた者が当該料金を納付し、又は当該料金に係る金銭債権の買取代金を納付したときは、当該納付義務者が当該料金を納付したものとみなす。

> 保証契約がその内容を記録した電磁的記録によってされたときは、

その保証契約は、書面によってされたものとみなして、前項の規定を適用する。

…委員会の役員及び職員は、刑法（明治40年法律第45号）その他の罰則の適用については、法令により公務に従事する職員とみなす。

……に係る派遣船員及び船員派遣元事業主は、厚生年金保険法……の規定の適用については、それぞれ、同法第6条第1項第3号に規定する船員及び船舶所有者とみなす。この場合において、同号中「使用される者」とあるのは「使用される者（船員職業安定法第6条第12項に規定する派遣船員（以下「派遣船員」という。）を除く。)」と、「以下単に「船舶」という。)」とあるのは「以下単に「船舶」という。）又は派遣船員を使用する船舶所有者の事業所若しくは事務所」と、……とする。

この法律の規定の適用については、前項の規定により免許を取り消された場合には、新法第14条第2号の規定により免許を取り消されたものとみなす。この場合において、新法第10条第2号中「当該法人が第7号に」とあるのは「当該法人が第6号又は第7号に」と読み替えるものとする。

2） みなすことができる

特別障害給付金を支給すべきでないにもかかわらず、特別障害給付金の支給としての支払が行われたときは、その支払われた特別障害給付金は、その後に支払うべき特別障害給付金の内払とみなすことができる。

3） 推定する

顧客が…損害の賠償を請求する場合には、元本欠損額は、金融商品販売業者等が重要事項について説明をしなかったことによって当該顧客に生じた損害の額と推定する。

〔請求をした者への〕通知は、…入出力装置に備えられたファイルへの記録がされた後通常その出力に要する時間が経過した時に当該請求をした者に到達したものと推定する。

他人の…権を侵害した者は、その侵害の行為について過失があったものと推定する。

## ⑩ その他・その他の・等

### (1) 例示とグループ

同じような事物を列挙する場合に、通常は「及び」「又は」で結び付けるが、例示的に列挙したり、グループ的に全体をまとめたりするようなときは、列挙する語を読点で結び、最後に「その他」「その他の」「等」によって括る。

### (2) その他

「その他」は、一般的に、掲げられる事物が並列される関係にある場合に用いる、とされる。つまり、「その他」の前にある事物と、「その他」の後にある事物とは、それぞれ別のものとして列挙されていることになる。ただし、それぞれが全く相互に関係を持たないということは少なく、例えば、「その他」の前にある事物が、「その他」の後にある事物の例示としての意味を持つことも多い。

例えば、条例で「野球場、サッカー場その他規則で定める運動施設」と規定した場合、「野球場」と「サッカー場」と「規則で定める運動施設」とは、並列の関係にあるが、実質的に、前の二つは、「規則で定める運動施設」の例示ともなっている。実際に規則で定める運動施設としては、「野球場」と「サッカー場」以外の運動施設で、これらと同列のもの、ということになる。したがって、規則の規定は、例えば、「条例第○条の規則で定める運動施設は、テニス・コート及び陸上競技場とする。」のようになる。

### ⑶ その他の

これに対して「その他の」は、一般的に、「その他の」の前に掲げられる事物が、「その他の」の後に置かれている事物の部分を構成する、あるいは、これに包含される場合に用いる、とされる。この場合は、特に、「その他の」の前にある事物が、「その他の」の後にある事物の例示となることが多いといえよう。

例えば、条例で「野球場、サッカー場その他の規則で定める運動施設」と規定した場合、「野球場」と「サッカー場」とは、「運動施設」の例示であって、「運動施設」に含まれることになる。実際に規則で定める運動施設としては、「野球場」と「サッカー場」とを含んでいて、これらと同列・同類の運動施設、ということになる。したがって、規則の規定は、例えば、「条例第○条の規則で定める運動施設は、野球場、サッカー場、テニス・コート及び陸上競技場とする。」のように、「野球場」も「サッカー場」も含めて規定することになる。

### ⑷ 等

「等」は、単に「これら以外の事物」があることを示す。もちろん、その前に列挙された事項と性質も何もかも全く異なるものを想定するのは困難であるが、限定はないから、論理的には無関係のものも入り得る。法令で「等」を用いる場合は、何を想定しているのか明らかになるようにしなければならない。なお、実際の法令における使用としては、目的・趣旨規定や、定義される用語や略称、あるいは三つ以上の法令の一部改正法令の題名などが多い。

＊使用例

1） その他

国会又は地方公共団体の議会の議員その他公選による公職の候補者

報酬、賃金、給料、俸給、手当、賞与その他いかなる名称であるかを問わず、教授等の業務の対償として受けるすべてのもの

ただし、疾病のため幼児用補助装置を使用させることが療養上適当でない幼児を乗車させるとき、その他政令で定めるやむを得ない理由があるときは、この限りでない。

2） その他の

職員の給与は、生計費並びに国及び他の地方公共団体の職員並びに民間事業の従事者の給与その他の事情を考慮して定められなければならない。

第一種エネルギー管理指定工場のうち製造業その他の政令で定める業種に属する事業の用に供する工場であつて、専ら事務所その他これに類する用途に供するもののうち政令で定めるものを設置している者

3） 等

第１条　この法律は、銃砲、刀剣類等の所持、使用等に関する危害予防上必要な規制について定めるものとする。

警察官又は第114条第１項に規定する交通巡視員（以下「警察官等」という。）は、手信号その他の信号（以下「手信号等」という。）により、交通整理を行うことができる。

○○市職員の給与に関する条例等の一部を改正する条例

## ⑪ 規程・規定

### ⑴ 規程

「規程」は、一義的に意味が決まっている概念とはいいがたいが、法令の一種あるいはこれに準ずるものとして、一定の目的のために定められた、一連の規定の総体を指す。地方自治法では、執行機関である委員会又は委員の定める規則その他の規程（138条の４）として、名称が掲げられている。一般的には、官庁などの組織や権限の内部的な事項に関して、また、直接に国民の権利・義務に関しないものについて多く用いられる（例えば、政令ではあるが、国家公務員倫理法に基づく「国家公務員倫理規程」など）。

### ⑵ 規定

「規定」は、法令において、何らかの事項・事物を、あるいは何らかの事項・事物について、定めている個々のその定めをいう。条、項、号、あるいはこれより細目の定めも「規定」である。反対に、例えば見出しのような説明的な部分は「規定」とはいいがたい。

## ⑫ 直ちに・遅滞なく・速やかに

### ⑴ 意味の違い

いずれも「すぐに」という時間的即時性を要求する場合に用いられるが、客観的な基準によって使い分けできる言葉ではない。しかし、使用例によって、それぞれ主観的なニュアンスの違いがある。もっとも、具体的には、それぞれの規定に即して解釈せざるを得ない。

### ⑵ 即時性の強弱

時間的即時性の強さから見るならば、「直ちに」が最も強く、一切の時間的遅延や遅滞を許さないという意味あいがある。これに対して、「遅滞なく」は即時性が弱く、正当な、又は合理的な理由による遅滞は許されると解されることが多い。いずれも、強弱の差はあるが、これに違反して遅れた（「遅滞した」）ような場合には、不当と判断されるだけでなく、違法という程度にまで及ぶこともあり得る。

他方、「速やかに」は、「直ちに」よりは時間的な即時性が弱く、一般的には、訓示的な意味を持つものとして用いられることが多い。このような場合には、多少の遅滞があったとしても、直ちに違法ということにはならない。

＊使用例

1） 直ちに

個人番号カードの交付を受けている者は、当該個人番号カードを紛失したときは、直ちに、その旨を住所地市町村長に届け出なければならない。

2） 遅滞なく

個人情報取扱事業者は、前項の規定による請求を受けたときは、本人に対し、同項の規定により当該本人が請求した方法……により、遅滞なく、当該保有個人データを開示しなければならない。

3） 速やかに

政府は、前項の場合において不承認の議決があつたときは、速やかに、当該対応措置を終了させなければならない。

## ⑬ 施行・適用・準用

### (1) 施行と適用

「施行」は、法令の規定の効力を現実に一般的に発動させることを意味し、「適用」は、法令の規定を個別、具体的な対象に対して発動させること、あるいは、特定の法令の規定を、ある人、ある事項、ある事件などに対して働かせることを意味する（第１部P74～77参照）。

適用に関しては、一定の場合に適用しなかったり、適用範囲を限定したり、特定の事象には一部を変更して適用したり、本来は予定していなかった事象にも適用したりすることがある。こういったことを定める規定を、一般的に適用関係に関する規定という。また、施行との関係では、時間的にどのように区分して適用するかを明確にするための適用区分の規定も必要となる。場合によっては遡及適用をする場合もある。

### ⑵ 準用

「準用」は、ある事項についての規定を、他の別の事項についても同じように用いることである。法令上同じように扱うわけだから、いちいち同じような規定を設けるよりも、準用することによって規定を簡潔にすることができ、また、その内容も既にある規定と同様だから分かりやすい、というメリットがある。しかし、どのように準用するのか分かりにくい、準用する規定だけでは内容がよく分からない、といったデメリットもある。準用の規定を設ける際には、不明確な部分について読替規定を置くなどの措置を採ることが一般的である。読替えは『「○○」とあるのは、「××」と読み替えるものとする』とする。

### ⑶ 変更適用

同じように読替規定を置くものに、変更適用がある。これは、準用と異なり、本来の適用対象のうちの一定の分野や事項、あるいは本来の適用対象とみなすこととした分野や事項について、本来の扱いの一部を特別に変更することを目的として、本来の規定の構成要件や効果の一部を特別措置に置き換えることである。原則として、読替えは、『「○○」とあるのは「××」とする』、として、読み替える、とはしない。

＊使用例

1） 施行・適用

この法律は、公布の日から施行する。

第１条の規定……による改正後の雇用保険法第66条から第67条の２まで及び附則第13条の規定は、令和４年度以降の年度に係る国庫の負担額について適用する。

2） 準用

前2項の規定は、普通地方公共団体の規則並びにその機関の定める規則及びその他の規程で公表を要するものに準用する。

第3項及び第4項の規定は、前項の規定による区間の指定について準用する。この場合において、第3項中「関係都道府県知事」とあるのは、「関係都道府県知事及び当該区間の存する指定都市の長」と読み替えるものとする。

3） 変更適用

前項の規定の適用がある場合における第37条の10第4項の規定の適用については、同項中「の金額」とあるのは「の金額（第9条の7第1項の規定の適用を受ける金額を除く。）」とする。

## ⑭ 改正する・改める

### ⑴ 改正する

「改正」あるいは「改正する」は、既存の法令の全部又は一部に変更を加える場合に用いる。法令の一部に変更を加える法令の題名は、「○○法令の一部を改正する法令」となる。この法令の冒頭には、いわゆる改正文「○○法令（平成○年法令第○号）の一部を次のように改正する。」を置くことになる。全部改正の場合は、「○○法令の全部を改正する。」とするが、これは制定文とされる。

また、個々の規定について変更を加えることも、「改正」である。しかし、個々の規定の具体的な改正は、「改める」「加える」「削る」「付する」「とする」等の改正を指示する用語によって行う。このように具体的な改正を行う規定を、改正規定と称する。

### ⑵ 改める

「改める」は、具体的な改正のうち、規定中のある部分や、条や項などの個々の規定の全部を、新たなものに置き換える場合に用いる（第２部を参照）。

## ⑮ 削る・削除

### ⑴ 削る

「削る」は、法令の具体的な改正の一方法であり、規定中のある部分や、条・項・号などの個々の規定の全体を、その法令中から抹消してしまうことを意味する。

対象部分や対象規定を「削る」と、その部分や規定はなくなってしまう。したがって、規定中の部分を削ると、その部分が空白になるわけではなく、当然にその前後の語句がつながることになる。また、条や項や号などを削ると、その部分は消失して、付されている序数に空きができてしまうので、条名・項番号・号名などの繰上げなどの整理をする必要が生じる。

### ⑵ 削除

これに対して「削除」は、ある規定について、いわばその形骸を残して、その内容を抹消してしまうことを意味する。具体的には、ある条や号を、条名や号名を残して、「削除」と表示するように、その全部を改めることになる。ただし、「項」は文章の段落と考えられているので、このような措置にそぐわないとされ、形骸を残すことはできない。

「削除」と表示されている規定は、形式的には存在しているので、これを改正して新たな内容を盛ることができる。このように、「削除」とすることによって形式的には規定が存在するので、原則として、「削る」場合のように他の規定の整理を行う必要はないことになる。なお、「削除」は、複数の連続する規定をまとめて表示することもできるし、章・節単位でも可能である。

## ⑯ 別段の定め・特別の定め・の規定にかかわらず

### ⑴ 別段と特別

ある規定と他の規定との関係が一見矛盾するように見えても、それが一般法・一般規定と特別法・特別規定の関係にあるときは、特別法優先の原則により解釈できるが、そのような関係が明確でない場合や、解釈可能でもそれを明確にしておこうとする場合には、これを明記することがある。このような場合に、「別段の定め」や「特別の定め」が用いられる。

いずれも、ある規定で定められている事項について、他の規定で異なる内容の定めがあることを示す場合に用いられる。また、別段の定めも特別の定めも、特別法を意味するが、その規定が同じ法令にあるとは限らない。なお、「特別」と「別段」とで意味が異なるわけではない。どちらかというと、「別段」の方が古い法令で使われている傾向にあるといえよう。

### ⑵ 適用排除

「～の規定にかかわらず」は、これらとは逆に、一般的・原則的な規定の適用を排除して、その規定が特別法・特別規定として優先して適用されることを意味する。つまり、この語句が置かれている規定が、一般法・一般規定に対する特則であることを示す。

＊使用例

1） 別段の定め・特別の定め

地方公共団体の行政庁に対する申請、届出その他の行為の期限で法律又は法律に基づく命令で規定する期間（時をもつて定める期間を除く。）をもつて定めるものが第１項の規定に基づき条例で定められた地方公共団体の休日に当たるときは、地方公共団体の休日の翌日をもつてその期限とみなす。ただし、法律又は法律に基づく命令に別段の定めがある場合は、この限りでない。

都道府県以外の地方公共団体の名称を変更しようとするときは、この法律に特別の定めのあるものを除くほか、条例でこれを定める。

普通地方公共団体は、法律又はこれに基づく政令に特別の定めがあるものを除くほか、公の施設の設置及びその管理に関する事項は、条例でこれを定めなければならない。

2） 〜の規定にかかわらず

公有水面のみに係る市町村の境界変更は、第７条第１項の規定にかかわらず、関係市町村の同意を得て都道府県知事が当該都道府県の議会の議決を経てこれを定め、直ちにその旨を総務大臣に届け出なければならない。

第８項及び第９項の訴えについては、行政事件訴訟法…第43条の規定にかかわらず、同法第13条の規定を準用せず、また、同法第16条から第19条までの規定は、署名簿の署名の効力を争う数個の請求に関してのみ準用する。

## ⑰ 当分の間

### ⑴ 意味

期間を表す言葉であるが、確定された期間ではなく、現在から暫くの間、という意味で使われる。期間のはっきりしない臨時的な措置や特別な措置について用いられ、ある条件などが整えば、これを終了させて、完全に廃止したり、新たな措置を採ったりすることを一応の前提とする。もちろん、この措置を改める措置が採られない限り、存続することになる。

### ⑵ 使用の範囲

「当分の間」については、使われる範囲に限定はない。非常に長期間使われている例もないではない。

## ⑱ 課する・科する・処する

### (1) 意味

いずれも、ある者に対して負担を負わせたり、制裁を加えたりする場合に用いる用語である。

### (2) 課する

「課する」は、公権力に基づいて、刑罰ではない一定の制裁を加え、あるいは制限や義務を負わせる場合、租税などの金銭を負担させる場合に用いる。負担させる金銭は、公権力によって強制的に徴収されることになる。なお、「徴収する」は、租税やこれに類するものだけでなく、支払われなかった場合に過料を科するなど何らかの強制的な性格を持つ債権についても用いられ、分担金、使用料、加入金、手数料なども対象となる。

### (3) 科する

「科する」は、通常は、刑罰（懲役・禁錮（拘禁刑）、罰金、拘留、科料）や秩序罰（過料）などを一定の者に負わせる場合に用いる。ただし、具体的な行為に対する具体的な個々の刑罰や制裁ではなく、抽象的な、あるいは制度的な意味の方が強い。したがって、そのような一般的な制度を設ける、という意味で多く用いられる。また、何らかの制裁（懲罰、懲戒等）についても用いることがあるが、単に「懲罰する」「懲戒する」「懲戒処分を行う」とする例が多い。

### (4) 処する

これに対して「処する」は、ある行為に対して具体的な刑罰や制裁を加える場合に用いる。刑法や行政罰の規定はすべて「処する」によっている。より狭義には、ある刑を宣告する、という意味で用いる。なお「罰する」は、刑罰の種類などを特定せずにこれを加える場合に用いる。具体的にどのような刑に「処する」のかは、別の規定による。「処断する」は「処する」とほぼ同じ意味ということができるが、量刑上の判断も含めた意味が強い。

＊使用例

1） 課する

普通地方公共団体は、義務を課し、又は権利を制限するには、法令に特別の定めがある場合を除くほか、条例によらなければならない。

2） 科する

普通地方公共団体は、法令に特別の定めがあるものを除くほか、その条例中に、条例に違反した者に対し、２年以下の懲役若しくは禁錮《こ》〔拘禁刑〕、100万円以下の罰金、拘留、科料若しくは没収の刑又は５万円以下の過料を科する旨の規定を設けることができる。

3） 処する

人を殺した者は、死刑又は無期若しくは５年以上の懲役〔拘禁刑〕に処する。

## ⑲ 例による・例とする・同様とする

### ⑴ 例による

「例による」は、準用のように個々の規定を特定するのではなく、ある事項についての制度そのものを包括的に利用して、他の事項について同じような取扱いをしようとする場合に用いられる。したがって、「例による」とすると、ある事項についての規定を、その下位法令や、場合によっては関連規定までをも含んで、他の事項について用い、その事項と法的な取扱いを同じにする、という意味になる。

一般的には「（ある事項の）例による」「（ある事項の）例により、～する」として、その対象とする事項を掲げて制度を特定する（「なお従前の例による」も参照）。

### ⑵ 同様とする

「同様とする」は、ある具体的な個別の事項に類似する事項について、その「ある事項」についての規定と同様の効果を与える場合に使用する。また、この用語は、ある事項についての規定の後段として、その類似の事項を明示して説明する場合に使用するのが一般である。

### (3) 例とする

「例とする」は、上記の二つの用語とは異なり、同じように扱う、という意味はない。通常はそこに定められたようにするが、合理的な理由がある場合には必ずしもそのようにしなくてもよい、という意味に用いられる。「常例とする」とする例が多い。

＊使用例

1） 例による

労働保険料その他この法律の規定による徴収金は、この法律に別段の定めがある場合を除き、国税徴収の例による。

普通地方公共団体の議会の議員の定数の半数以上の者から請求があるときは、議長は、その日の会議を開かなければならない。この場合において議長がなお会議を開かないときは、第106条第1項又は第2項の例による。

2） 同様とする

都道府県の境界にわたつて市町村の境界の変更があつたときは、都道府県の境界も、また、自ら変更する。従来地方公共団体の区域に属しなかつた地域を市町村の区域に編入したときも、また、同様とする。

3） 常例とする

大学には、学部を置くことを常例とする。

## ⑳ 係る・関する・ついて

### (1) 関係・関連

何かに「かかわる」とか「関係する」とか「関連する」というような意味で使われる用語として、単なる「の」のほかに、「係る」「関する」「ついて」などが使われる。特に法文では「係る」の使用が多い。

### (2) 関するとついて

「関する」や「関して」は、普通に、関係する、関係して、の意味で用いられる。ただし、関係する範囲がどこまでなのかが解釈上問題になることが多い。

これに対して、「ついて」「ついての」は、「関して」「関する」よりも、関係する対象や行為の対象などが直接的・限定的で、幅が狭い、ということができよう。

### (3) 係る

「係る」は、「関する」より、より直接的な関係に使われる、と説明される。しかし、確かにそのような意味もあるが、必ずしもそのような要素だけとは限らない。もちろん、文脈によってさまざまな違いが生じるが、法的な関係を細かく正確に表現すると非常に読みにくく、分かりにくくなる場合に、その関係を省略して表現する、という機能が付与されることが多い。

例えば、「許可に係る物質」というときは、許可に関係がある物質というよりも、許可の対象となる物質、あるいは許可の目的となる物質、さらには許可を受けた物質といった意味に使われることが多い。

＊使用例

1） 関する

地方公共団体に関する法令の規定は、地方自治の本旨に基づき、かつ、国と地方公共団体との適切な役割分担を踏まえたものでなければならない。

2）　ついて

前項の協議については、関係地方公共団体の議会の議決を経なければならない。

3）　係る

公有水面のみに係る市町村の境界変更で都道府県の境界にわたるものは、第7条第3項の規定にかかわらず、関係のある普通地方公共団体の同意を得て総務大臣がこれを定める。

前項の政務調査費の交付を受けた会派又は議員は、条例の定めるところにより、当該政務調査費に係る収入及び支出の報告書を議長に提出するものとする。

## ㉑ ただし・この場合において

### ⑴　原則と例外の関係

条や項などのそれぞれの規定は、文章で表現されるが、必ずしも1文で構成されるとは限らない。複数の文によることも多い。その場合、それぞれの文の関係はさまざまであるが、意味の上では、原則と例外、前段の場合を受ける、対象は異なるが同じ扱い（「同様とする」を参照）、といった関係が多い。

このうち、原則と例外の関係を表すのが、本文とただし書との関係であり、ただし書は「ただし、…（この限りでない、を除く、は妨げない、など）」と表現する。原則と例外のほかには、本文に対する制限的付加条件、本文についての除外例、本文への解釈上の注意規定などに使われることがある。

### ⑵　前段と後段の関係

これに対して前段の場合を受ける関係では、文章が前段の文と後段の文とに分かれ、後段は「この場合において、…」と表現する。後段では、前段で規定する内容について制限を付加したり、前段の趣旨を補足的に説明したり、前段と密接な関係を有する内容を続けて規定したり、準用する場合の読替規定を置いたりするなど、内容は多岐にわたる。

## ㉒ この限りでない・妨げない

### ⑴ この限りでない

「この限りでない」は、本文の規定内容について、その全部又は一部の構成要件の適用を、特定の場合に排除する、あるいは否定するという意味を持つ。一般的には、ただし書の述語として用いられる。

ただし、「この限りでない」は、あくまでも本文を前提として、その全部又は一部を排除したり否定したりするにとどまる規定であるから、排除や否定の後で、その部分についてどのような法的な取扱いをするのかは、これだけでは明確ではない。したがって、その部分について何らかの措置を講ずる場合には、さらにその措置に関する積極的な規定を改めて設ける必要がある。

### ⑵ 妨げない

これに対して「妨げない」は、一般に、ある規定を設けた場合に、他の規定との関係に疑問が生じるとか、その関係の解釈に疑問が生じるというような場合に、その設けた規定にかかわらず、他の規定や制度が有効であることを確認するために用いられる。なお、「妨げるものではない」とされることもある。

＊使用例

1） この限りでない

普通地方公共団体の議会の議員は、議会の議決すべき事件につき、議会に議案を提出することができる。但し、予算については、この限りでない。

国の行政機関又は都道府県の機関は、普通地方公共団体に対し、…是正の要求等…をするときは、同時に、当該是正の要求等の内容及び理由を記載した書面を交付しなければならない。ただし、当該書面を交付しないで是正の要求等をすべき差し迫つた必要がある場合は、この限りでない。

2） 妨げない

特別委員会は、会期中に限り、議会の議決により付議された事件を審査する。但し、議会の議決により付議された特定の事件については、閉会中も、なお、これを審査することを妨げない。

## ㉓ なお従前の例による・なお効力を有する

### (1) なお従前の例による

いずれも法令の改廃に伴う経過措置において多く用いられる用語である。

「なお従前の例による」は、「例による」の特殊な規定といえる。「例による」は、ある事象についての制度をそのまま包括的に利用して、他の事象も同様に扱うようにすることを意味するものであるから、「従前の例による」とは、（同じ、あるいは同種の事象について）これまでに扱っていたのと同じように扱うことを意味することになる。つまり、ある事象についての下位法令も含めた法令の規定が、実際に適用されるのと同じ扱いになるわけである。ただし、厳密にいえば、これまでの取扱いを定めていた法令の規定が直接適用になるのではなく、この「従前の例による」という規定によって結果として同じように扱うことになる、という意味である。

この場合、「従前」が何であるかを明確にするために、対象の行為や事象をある時点で区分する必要があり、原則としてその時点の直前の法状態あるいは直前において適用状態にあった法が「従前」の内容になる。

### (2) なお効力を有する

これに対して「なお効力を有する」は、法令の改正前や廃止前の規定が、一定の事象については適用される力をなお継続して持つことを意味する。つまり、改正され、あるいは廃止された規定ではあるが、なお一定の場合について改正や廃止がなかったものとして存続させる（効力を有することとする）ものである。したがって、限定的ではあってもその規定は存在するから、以後も改正の対象となり得る。ただし、その存続させられた規定の存在は、「なお効力を有する」とする規定に根拠を置いている。

＊使用例

1） なお従前の例による

この法律の施行前にした行為に対する罰則の適用については、なお従前の例による。

この法律の施行前に採用され、この法律の施行後も引き続き修習をする司法修習生の給与については、なお従前の例による。

2） なお効力を有する

改正前の民法第1000条の規定は、第3号施行日前にされた第三者の権利の目的である財産の遺贈については、なおその効力を有する。

この法律の施行の際現に旧法第12条の2第1項第6号に掲げる事業に係る同項の登録を受けている者…については、当該登録に係る事業に関する限りにおいて、この法律の施行の日…から起算して6年間は、旧法…の規定は、なおその効力を有する。

## ㉔ しなければならない・してはならない

### (1) しなければならない

「しなければならない」は、ある行為を行う義務（これを「作為義務」という）を課することを意味する。したがって、この対象者（文の上では主語となっている者）は、その行為を行う法的な義務を負うことになる。この義務に違反した場合には違法となるが、これに対して制裁を加えるかどうか、加えるとしてどのような制裁を加えるかは、その行為内容とその意味とによって異なる。罰則を設ける場合もあるし、設けない場合もある。

なお、作為義務を課すことが適当でない場合は、「するように努めなければならない」又は「するように努めるものとする」のように、努力義務とすることもある。もちろん、このような努力義務に反したかどうかは、実際上認定しがたいことであり、違反に対して罰則を設けることは考えられない。

### (2) してはならない

これに対して「してはならない」は、ある行為の禁止を意味する。別のいい方をすれば、ある行為をしない義務（これを「不作為義務」という）を課することになる。一般的に「何人も」「してはならない」とするならば、禁止を意味し、特定の範疇の者や行政機関などが「してはならない」とするならば、不作為義務を意味する、ということもできる。もちろん、法的義務として意味が異なるわけではない。なお、これに違反した行為は違法であり、通常は罰則を設けて処罰の対象とする。ただし、その行為の法的な効果については、直ちに無効になるというわけではない。無効とするために、その旨を明文で規定することもある。

＊使用例

1） しなければならない

内閣総理大臣及び文部科学大臣は、基本方針の案を作成し、閣議の決定を求めなければならない。

都道府県知事は、第１項の規定により勧告をしたときは、直ちにその旨を公表するとともに、総務大臣に報告しなければならない。

普通地方公共団体の議会に請願しようとする者は、議員の紹介により請願書を提出しなければならない。

２）　してはならない

地方公共団体は、法令に違反してその事務を処理してはならない。なお、市町村及び特別区は、当該都道府県の条例に違反してその事務を処理してはならない。

普通地方公共団体の議会の会議又は委員会においては、議員は、無礼の言葉を使用し、又は他人の私生活にわたる言論をしてはならない。

監査委員は、職務上知り得た秘密を漏らしてはならない。その職を退いた後も、同様とする。

## ㉕ である・する・するものとする

### ⑴　である

「である」は、一定の事実を示すものであり、一般的には、規範の述語となることは稀である。これこれの事実関係である場合についてどのようにするか、という前提の提示をする場合、あるいは、同格を表す場合に用いることが多い。

「～する義務がある」とする例があるが、これは「～しなければならない」と同意義である。

### ⑵　する

「する」など、動詞の終止形によって述語を構成する場合は、法規範をそのような内容として定立したということであり、述語に示された行為が、法令上当然に行われる、あるいはそのように法令上取り扱う、という意味になる。これらは、法規範の内容を創設的に宣言する、などとも説明されるが、要するに、法令上「こうする」という断定的な表現である。否定形も同様である。なお、別に例外が規定されていない限り、法令上はそのようにする、あるいは、そのようになることが予定されているので、「～しなければならない」と同じような拘束的あるいは義務的な意味が含まれる場合もある。

### ⑶　ものとする

「するものとする」は、「する」よりもややあいまいな表現となるが、一般的には次のような用法に分けられるだろう。

第１に、「原則的には」・「原則として」という意味を表現したい場合である。ある行為をすることが原則・建前であり、法令上もそのような方針である、という意味をにじませようとするときに使うが、その意味する範囲には幅があり、具体的には、全体の規定の趣旨や他の規定との関係などから定まる以外にない。

第２に、解釈上の疑義がないよう念のために規定する場合である。例えば、「適用があるものとする」は、適用がある前提でそれを明確にするための表現である。ただし、この場合も、確認的なのか、創設的な意味があるのか、これだけでは必ずしも明確にはならない。

第３に、語感から慣用的に付けられる場合である。準用規定における読替規定「読み替えるものとする」もこの例である。

＊使用例

１）　である

委員会は、国の関与に関する審査の申出があつた場合において、相当であると認めるときは、職権により、調停案を作成して、これを…に示し、その受諾を勧告するとともに、理由を付してその要旨を公表することができる。

普通財産である土地（その土地の定着物を含む。）は、当該普通地方公共団体を受益者として政令で定める信託の目的により、これを信託することができる。

２）　する

専門委員は、非常勤とする。

前項の規定に違反する行為は、無効とする。

3） するものとする

この場合において、当該普通地方公共団体の長の直近下位の内部組織の設置及びその分掌する事務については、条例で定めるものとする。

第１項の規定による協議は、監査委員の合議によるものとする。

## ㉖ できる・できない

### (1) できる

「できる」は、その行為をする法的な権利・権限・権能・能力を有する、あるいは一般的な禁止を一定の場合に解除することを意味する。これらのどれに当たるかは、規定の趣旨や他の規定との関係によって定まることが多い。例えば、一般的に、行政機関が主体（＝主語）である場合には権限であることが普通である。

これらの権利等を法令上与えることとした場合に、その権利等を行使するかどうかは、原則として、その与えられている主体（＝主語）が決定できる、あるいはその者の裁量に委ねられている、とすることが多い。しかし、他の規定との関係から、あるいはその権利等の性質上、権利等を与えられていると同時にその権利等を一定の場合には行使する義務をも負う、という意味も含むことがある。

### (2) できない

「できない」は、「できる」の否定であり、権利等がないことを積極的に明確にする、あるいは、権利等があることを前提にして一定の場合にその権利等が制限されることを意味する。この規定に違反して行った行為は、通常は処罰の対象とするような性格を持つものではないが、その効力をどうするかについては解釈に委ねるにせよ、明確にしておく必要がある。

＊使用例

1）　できる

市町村の境界に関し争論があるときは、都道府県知事は、関係市町村の申請に基づき、これを第251条の２の規定による調停に付することができる。

普通地方公共団体の議会の議員及び長の選挙権を有する者…は、…その総数の50分の１以上の者の連署をもつて、その代表者から、普通地方公共団体の長に対し、条例…の制定又は改廃の請求をすることができる。

2）　できない

…普通地方公共団体の議会の解散の請求は、その議会の議員の一般選挙のあつた日から１年間及び…による解散の投票のあつた日から１年間は、これをすることができない。

副知事及び副市町村長は、検察官、警察官若しくは収税官吏又は普通地方公共団体における公安委員会の委員と兼ねることができない。

## 27 次に掲げる・次の各号

### ⑴　次に掲げる

「次に掲げる」は、次に何らかの事項が列挙されている場合に、その柱書きにおいて、その列挙されるものを示す場合に用いる。列挙は、各号である場合もあるし、イ・ロ・ハなどである場合もある。

列挙が各号によっている場合に「次の各号に掲げる」とする例もあるが、最近は「次に掲げる」でほぼ統一される傾向にある。

### ⑵　次の各号

「次の各号」を用いる場合もあるが、これは限定される傾向にあり、その一つは、各号において対応する語句がある場合で、その対応語句を「当該各号」と受ける必要がある場合であり、その二つは、「次の各号のいずれかに該当する」のように、各号が選択的である場合である。

＊使用例

1）　次に掲げる

…地方公共団体の休日は、次に掲げる日について定めるものとする。

⑴　日曜日及び土曜日

⑵　国民の祝日に関する法律（昭和23年法律第178号）に規定する休日

⑶　年末又は年始における日で条例で定めるもの

普通地方公共団体の議会は、次に掲げる事件を議決しなければならない。

〔各号＝略〕

2）　次の各号

この法律における認証機関は、次の各号に掲げる職員団体等の区分に応じ、当該各号に掲げる機関とする。

〔各号＝略〕

自治紛争処理委員は、次の各号のいずれかに該当するときは、その職を失う。

〔各号＝略〕

## ㉘ 議により・議に基づき・議を経て・議に付し

### ⑴ 議決の拘束力

いずれも、行政機関などの機関が何らかの行為をしたり判断したりするに際して、諮問機関などの第三者機関その他の別の合議機関の審議・議決を必要とする場合に用いられる。その合議機関等の議決の拘束力の強弱は、一般的に、それぞれの表現によって異なるとされる。ただし、その規定の前後関係などによって、それに相応しい用語を用いるので、必ずしも一義的に強弱が決められているわけではない。なお、「議」ではなく「議決」「決議」あるいは「審議」と明示する例の方が多い。

### ⑵ 意味の違い

まず、「議により」は、拘束力が最も強い場合といわれる。原則として、行政機関等は、合議機関等の議決がなければ、その行為・判断（決定）ができないことになる。その行為・判断の内容についても、拘束されることになるだろう。

次に「議に基づき」は、拘束力が相当に強いといわれる。行政機関等は、合議機関等の議決を基礎として行為・判断をすることになる。

「議を経て」は、拘束力が比較的強い場合といわれる。手続上、合議機関等の議決を得ることが必要であり、それは行政機関等の行為・判断をするための条件となる。

「議に付し」は、これらの中では拘束力が最も弱い場合といわれる。原則として、その合議機関等の意見を聴くことが手続上求められている、という程度の拘束力といえよう。議決を得ることは期待されるだろうが、必ずしもそれが必要とまではいえない場合もある。

＊使用例

1） 議により

…定款をもって、その定めをした日後において取締役会の決議により資本準備金をもって買い受けて消却することができる株式の総数及び取得価額の総額を定めなければならない。

組合は、…組織変更…をするには、組織変更計画書を作成して、総会の議決により、その承認を受けなければならない。

2） 議に基づき

学部長の採用のための選考は、当該学部の教授会の議に基づき、学長が行う。

…競馬の事業からの撤退（都道府県又は指定市町村が、その議会の議決に基づき、競馬を行わなくなることをいう。以下同じ。）をしたときは、…

3） 議を経て

…協議については、地方公共団体の議会の議決を経なければならない。

市町村の長は、その議会の議決を経て、都道府県知事に対し、…その権限に属する事務の一部を当該市町村が処理することとするよう要請することができる。

前項の公有財産をあらたに使用しようとする者があるときは、市町村長は、議会の議決を経て、これを許可することができる。

前項の意見については、関係のある普通地方公共団体の議会の議決を経なければならない。

4） 議に付し

主務大臣は、…制定し、又は確認し、若しくは改正した日本農林規格がなお適正であるかどうかを、その制定又は確認若しくは改正の日から少なくとも５年を経過する日までに審議会の審議に付し、速やかに、これを確認し、又は必要があると認めるときは改正し、若しくは廃止しなければならない。

第１項の規定による解任の請求があつたときは、理事長は、その請求を会員総会の議に付し、かつ、会員総会の会日から10日前までに、その請求に係る役員に対し、前項の規定による書面を送付し、かつ、会員総会において弁明する機会を与えなければならない。

## ㉙（規定）の・に規定する・の規定による

### (1) 規定で定めている意味

いずれも、ある規定において言及している言葉を、その規定における意味、あるいはその規定で定めている意味、その規定で限定・特定している意味のものとして引用する場合に用いられる。ここにいう「(規定) の」とは、例えば「第○条第×項の」と表記されることをいう。以下同様に、「第○条第×項に規定する」「第○条第×項の規定による」のように表記される。

### (2) 意味の違い

一般的に、「(規定) の」は、その条・項などの規定において言及している用語・言葉そのものを示す場合に用いられる。「に規定する」は、狭義では、その条・項などの規定において、略称を含めて何らかの概念を定める、といった定義的な定めを置いている用語・言葉を、その定義された概念・用語として引用する場合に用いられる。もっとも、それほど厳密な定義をしていなくても用いる場合が多く、最も広義では「(規定) の」とほぼ同じ意味として用いられる。「の規定による」は、その条・項などの規定において何らかの規範として定められている、例えば行為であるとか義務であるとか、権限であるとか、こういったものによって具体的に特定・限定された用語・言葉を引用する場合に用いる。同様の表現として「の規定に基づく」があるが、この場合は、その条・項などの規定に定める規範によって成立するものとしての用語・言葉であることを強調する意味が強いといえる。

＊使用例

1）

第231条の3　分担金、使用料、加入金、手数料及び過料その他の普通地方公共団体の歳入を納期限までに納付しない者があるときは、普通地方公共団体の長は、期限を指定してこれを督促しなければならない。

2　普通地方公共団体の長は、前項の歳入について同項の規定による督促をした場合においては、条例の定めるところにより、手数料及び延滞金を徴収することができる。

3　〔略〕

4　第1項の歳入並びに第2項の手数料及び延滞金の還付並びにこれらの徴収金の徴収又は還付に関する書類の送達及び公示送達については、地方税の例による。

(注：

・第2項の「前項の歳入」＝第1項に掲げる「分担金、使用料、加入金、手数料及び過料その他の普通地方公共団体の歳入」

・第2項の「同項の規定による督促」＝第1項に定めるところによって長がする督促

・第4項の「第1項の歳入」＝第2項の場合と同じ

・第4項の「第2項の手数料及び延滞金」＝第2項の定めるところによって徴収できるとされる手数料と延滞金

2）

第233条　会計管理者は、毎会計年度、政令の定めるところにより、決算を調製し、出納の閉鎖後3箇月以内に、証書類その他政令で定める書類とあわせて、普通地方公共団体の長に提出しなければならない。

2　普通地方公共団体の長は、決算及び前項の書類を監査委員の審査に付さなければならない。
3　普通地方公共団体の長は、前項の規定により監査委員の審査に付した決算を監査委員の意見を付けて次の通常予算を議する会議までに議会の認定に付さなければならない。
4　前項の規定による意見の決定は、監査委員の合議によるものとする。
5　〔略〕
6　普通地方公共団体の長は、第3項の規定により議会の認定に付した決算の要領を住民に公表しなければならない。

(注：
・第２項の「前項の書類」＝第１項中の「証書類その他政令で定める書類」
・第３項の「前項の規定により～」＝第２項で定めている「長が決算等を審査に付さなければならない」という規範に従って
・第４項の「前項の規定による意見」＝第３項で議会の認定に付する場合に付けるべきものとされている監査委員の意見
・第６項の「第３項の規定により～」＝第３項の定めているところに従って

３)

第2条　地方公共団体は、法人とする。
2　普通地方公共団体は、地域における事務及びその他の事務で法律又はこれに基づく政令により処理することとされるものを処理する。
3　市町村は、基礎的な地方公共団体として、第5項において都道府県が処理するものとされているものを除き、一般的に、前項の事務を処理するものとする。
4　市町村は、前項の規定にかかわらず、次項に規定する事務のうち、その規模又は性質において一般の市町村が処理することが適当でないと認められるものについては、当該市町村の規模及び能力に応じて、これを処理することができる。

5　都道府県は、市町村を包括する広域の地方公共団体として、第２項の事務で、広域にわたるもの、市町村に関する連絡調整に関するもの及びその規模又は性質において一般の市町村が処理することが適当でないと認められるものを処理するものとする。

（注：

・第３項の「前項の事務」＝第２項で処理するものとされる事務

・第４項の「次項に規定する事務」＝第５項に掲げられている３種類の事務

・第５項の「第２項の事務」＝第３項の場合と同じ

４）

第90条　都道府県の議会の議員の定数は、条例で定める。

2　前項の規定による議員の定数の変更は、一般選挙の場合でなければ、これを行うことができない。

（注：

・第２項の「前項の規定による～」＝第１項の規定に従って議員の定数を条例で定め、その定数を条例で変更するという場合

## ㉚ その・この・当該

### ⑴　指示代名詞

法令で用いられる指示語や指示代名詞は、「その」「この」「それ」「これ」がほとんどである。「どの」「どれ」は「いずれ」が一般的である。「その」「この」の区別は、必ずしも一義的に決まっているわけではなく、日常用語とほぼ同様の使い方による。なお、「これ」は、古い法令に多い文語調の用例として、目的語や主語を強調して提示し、これを受ける場合に使われることがある。ひらがなの法令でも、使っている例が散見される。

### ⑵ 当該

法令に特有で、かつ、多く用いられるのが「当該」である。「当該」は、さまざまな意味合いを持っているが、「係る」と同じように便利ではあるが、ややもすると不明確になるおそれがある。一般的には、「この」「その」の意味を強調する、「当の」「まさにその」という意味を持つ、「該当するそのもの」「それに対応する」という意味を付与する、といったものと考えることができる。最後の意味でしばしば用いられるのは「当該各号」で、「次の各号に掲げる…は、当該各号に掲げる～」のように規定されるが、「相応するそれぞれの号」という意味を表している。

### ⑶ 特殊な当該

「当該」の特殊な用例として、「当該職員」や「当該行政庁」がある。これらは、いずれも一体の用語であり、ある事務について法令上の権限や職責を与えられている職員や（公の）機関を意味するものとして用いられる。古い法令では常用されていたが、最近はあまり使われない。

＊使用例

1） 当該

> 市町村は、前項の規定にかかわらず、次項に規定する事務のうち、その規模又は性質において一般の市町村が処理することが適当でないと認められるものについては、当該市町村の規模及び能力に応じて、これを処理することができる。

> 市町村の区域内に住所を有する者は、当該市町村及びこれを包括する都道府県の住民とする。

> この法律において、次の各号に掲げる用語の意義は、当該各号に定めるところによる。
>
> 〔各号＝略〕

2） 当該職員

都道府県は、…条例の規定による処分又は…条例の規定による当該職員の行為によって損失を受けた者に対して、通常生ずべき損失を補償しなければならない。

3） 当該行政庁

前項の規定により自動車損害賠償責任保険証明書に記載すべき事項が登録情報処理機関に提供されたときは、第１項本文の処分を受けようとする者は、当該自動車損害賠償責任保険証明書を当該行政庁に提示したものとみなす。

# INDEX

## あ



## い



## お



## か

## き

## く



## け



## こ

## さ



## し

## す



## せ



## そ



## た

## ち



## つ



## て



## と

## な



## に



## の



## は



## ひ

## ふ



## へ



## ほ

## ま



## み



## も

## よ



## り



## る



## れ



## ろ



## その他

# 監修・編集者紹介

〔監　修〕

**大島　稔彦**（おおしま・としひこ）

1970年東京大学法学部卒業。同年参議院法制局に入局、同第１部第１課長、同第４部長、参議院憲法調査会事務局長、参議院法制局第１部長、参議院法制次長を経て2006年参議院法制局長、2009年退職。著書に『新・国会事典』（有斐閣）、『明解　選挙法・政治資金法の手引』（新日本法規）、『消費税法用語の読み方・考え方』、『法令起案マニュアル』（ぎょうせい）（以上共同執筆）、『法制執務ハンドブック』、『立法学――理論と実務』（第一法規）、『合格論文の書き方（基礎編）』、『同（実践編）』、『小論文への誘い』、『楽しく学べる地方自治法教室』、『楽しく学べる地方公務員法教室』（公職研）ほか。

〔編　集〕

**一般財団法人　日本通信教育学園**

1949年（昭和24年）１月に第一法規株式会社により設立された、文部科学省認可の公益法人。設立以来、半世紀にわたり生涯学習や、社会福祉の増進に寄与。主な事業としては、文部科学省認定の「日商簿記検定講座」をはじめ「法制執務基礎講座」「社会福祉法人会計の実務」等の通信教育講座を開講。近年は、従来の集合研修に加え、オンラインによる法制執務研修会の開催をはかり、自治体職員や社会福祉施設で活動する職員向けに専門性の高い研修事業を展開している。また、「自治体法務検定委員会」の事務局として、全国の自治体職員向けの検定事業を行っている。

サービス・インフォメーション

通話無料

①商品に関するご照会·お申込みのご依頼
TEL 0120 (203) 694／FAX 0120 (302) 640

②ご住所·ご名義等各種変更のご連絡
TEL 0120 (203) 696／FAX 0120 (202) 974

③請求·お支払いに関するご照会·ご要望
TEL 0120 (203) 695／FAX 0120 (202) 973

●フリーダイヤル（TEL）の受付時間は、土·日·祝日を除く
9:00～17:30です。

●FAXは24時間受け付けておりますので、あわせてご利用ください。

第４次改訂版　法制執務の基礎知識

―法令理解、条例の制定・改正の基礎能力の向上―

2005年9月20日　初版発行

2023年6月５日　第４版発行

監修者　大　島　稔　彦

発行者　田　中　英　弥

発行所　第一法規株式会社
〒107-8560　東京都港区南青山 2-11-17
ホームページ　https://www.daiichihoki.co.jp/

法制執務基礎４改　ISBN978-4-474-09272-3　C2031　(6)